姚远 ◎ 著

数字化转型之路:
从数字化到数智化

当代中国出版社
Contemporary China Publishing House

图书在版编目(CIP)数据

数字化转型之路：从数字化到数智化/姚远著.--北京：当代中国出版社，2023.9
ISBN 978-7-5154-1279-5

Ⅰ.①数… Ⅱ.①姚… Ⅲ.①数字技术—应用—企业管理 Ⅳ.① F272.7

中国国家版本馆 CIP 数据核字 (2023) 第 148238 号

出 版 人	王　茵
责任编辑	陈　莎
策划支持	华夏智库·张　杰
责任校对	康　莹
出版统筹	周海霞
封面设计	回归线视觉传达
出版发行	当代中国出版社
地　　址	北京市地安门西大街旌勇里 8 号
网　　址	http://www.ddzg.net
邮政编码	100009
编 辑 部	（010）66572180
市 场 部	（010）66572281　66572157
印　　刷	香河县宏润印刷有限公司
开　　本	710 毫米 ×1000 毫米　1/16
印　　张	14 印张　220 千字
版　　次	2023 年 9 月第 1 版
印　　次	2023 年 9 月第 1 次印刷
定　　价	78.00 元

版权所有，翻版必究；如有印装质量问题，请拨打（010）66572159 联系出版部调换。

前言

纵观人类文明,总共经历了三次非常重要的革命。第一次是蒸汽机的发明,把人类社会带入工业时代;第二次是电力的广泛应用,使得人类从蒸汽时代进入电气时代;第三次是计算机与互联网的发明,掀开了信息时代的序幕。到了21世纪,人类又一次站在变革的潮头,以云计算、物联网、人工智能等新技术驱动的数智经济时代扑面而来,正以不可阻挡的气势席卷全球。

在数智化时代新兴技术的驱动下,各个行业的边界正在变得模糊。新技术正与各行业深度融合,进而激发出新模式、新产业、新业态。一个追求数智化生存的时代已经来临,越来越多的企业在不断探索中找寻突破行业之间传统边界的方法。数智化的转型与重构,正是企业从容面对世界变革的最佳选择。

当下我们已经看到,在金融领域,因为区块链、算法等的运用,已经大幅度降低了交易和结算的成本,并且改变了传统金融与投资领域的运作方式;在医疗行业,将物理、生物和数字技术深度融合,研制出的可穿戴设备配合植入式技术采集信息，能够更加精准地为医疗服务。在我们身边，新技术带来的生活方式的改变正实实在在地发生着，移动支付、可穿戴设备等，已经屡见不鲜。

云计算、大数据、人工智能、5G、物联网、增强现实等数智技术，正在赋能传统经济，让社会网络化、信息数字化、交互实时化成为现实，它们不仅改变了人们的生活方式，也在推动着企业进行数智化变革、组织重构及商业创新，以便适应社会的发展和进步。

在发展数智化经济这个大背景下，本书应运而生。本书从宏观与微观、理论与实践等不同的角度，结合不同企业的典型案例，告诉读者什么是数智化，企业为什么要进行数智化转型，以及转型的理念和基本路径是什么等，可为众多想了解数智化转型的企业相关人员提供学习的知识和实践操作的经验。

阅读本书，读者可以了解到数智化的根本特征和底层逻辑，并且从数智思维升级、转型顶层设计、数智组织进化、数据资产治理、数智商业创新以及数智人才培养6个维度，把握数智化转型的方法与路径，从而为企业的未来发展开拓更加精彩和可持续的高质量发展的道路。

目录

第一章
洞悉全球数字经济，数智变革席卷而来

第一节　全球数字经济的规模化发展 / 2

第二节　数字化，中国经济发展的"新引擎" / 4

第三节　数字化，国家发展战略的必然要求 / 8

第四节　数智化，对数字化的更高要求 / 14

第二章
理解转型底层逻辑，把脉数智商业未来

第一节　数字化与数智化 / 20

第二节　数智化的驱动因素——数据成为生产要素 / 25

第三节　数智化的底层逻辑——新型的消费和供给变革 / 30

第四节　数智化的重要意义——驱动增长，引领未来 / 34

第三章
明确自身转型短板，探索数智转型方向

第一节　新技术加速数智化进程 / 40

第二节　对标数智化企业典型特征 / 44

第三节　明确自身数智转型短板 / 50

第四节　数智化转型的六大关键要素 / 54

第四章
构建转型顶层设计，制定数智转型战略

第一节　什么是数智化转型 / 60

第二节　数智化转型的顶层设计 / 61

第三节　数智化转型路径七步走 / 65

第四节　被忽视的数智化转型三大要素 / 70

第五节　数智化转型的能力构建 / 74

第五章
促进组织架构变革，突破数智管理上限

第一节　组织架构的演化史 / 78

第二节　数智化是组织架构升级的新方向 / 82

第三节　数智化和组织架构改革互为促进 / 86

第四节　数智化组织的进化之旅 / 94

第五节　数智化敏捷组织的打造 / 98

第六章
深化数智技术应用，改善数据决策能力

第一节　数智化与数字基建 / 104

第二节　数智技术的综合应用 / 108

第三节　从业务数据化到数据业务化 / 112

第四节　数据治理水平提升的重要性 / 116

第五节　企业数智技术体系的开放共享 / 123

第七章
鼓励数智业务创新，形成数智和谐生态

第一节　品牌数智化 / 130

第二节　商品数智化 / 135

第三节　渠道数智化 / 140

第四节　营销数智化 / 144

第五节　零售数智化 / 148

第六节　服务数智化 / 153

第七节　金融数智化 / 157

第八节　制造数智化 / 161

第八章
培养数智复合人才，加速数智转型实现

  第一节 数智化能力是企业核心竞争力 / 166

  第二节 构建数智化能力需要全员具备数智化意识 / 170

  第三节 构建数智能力体系是第一步 / 176

  第四节 数智化复合人才培养是长期工程 / 182

第九章
数智化转型实践先锋

  第一节 美的：利用数智化降本增效 / 188

  第二节 安踏：落地四大数智化转型项目 / 192

  第三节 上汽大通：C2B模式打造智能制造标杆工厂 / 196

  第四节 良品铺子：全面拥抱数智化转型 / 203

  第五节 京东：构建数智化社会供应链 / 207

参考文献 / 212

后记 / 213

第一章
洞悉全球数字经济，数智变革席卷而来

每一个伟大时代的背后，都有一种力量在推动历史前行，这种力量就是科技。科学技术的进步引发社会和经济向新范式转变，促使农业经济时代进入工业经济时代，又从工业经济时代进入数字经济时代。如今，数字经济规模化正如火如荼地开展着，而数字化转型也顺应新一轮科技革命和产业变革趋势，成了企业的一道必选题。

同时，由于人工智能、物联网、增强现实等技术的迭代和逐渐融合，使企业由数字化向数智化急速迈进，并促使企业商业模式、组织治理模式、经营管理流程、产业协同方式等方面发生一系列革新与重构。

第一节　全球数字经济的规模化发展

在互联网、大数据、云计算等新一代信息技术的带动下，全球各类产业都在拥抱数字化，加快数字化转型升级。全球数字经济的规模，自2018年以来持续扩大。2021年，全球数字经济规模达到38.1万亿美元，同比增长15.6%，占GDP比重为45%。[①]

数字经济作为一种新的经济形态，已经成为转型升级驱动力，也成为全球新一轮产业竞争的制高点。据IDC（互联网数据中心）预测，到2023年数字经济产值将占到全球GDP的62%，全球将进入数字经济时代，全球数字经济的发展前景乐观。

华为ICT市场部发布的报告，结合了100多个国家的案例与数据。这个报告显示，数字化已经从个人、家庭、企业、行业、城市、国家6个层面深深影响了世界经济。[②]

在个人层面，数字化建立了随时随地、高质量的连接；在家庭层面，数字化逐层推进，为家庭创造智慧美好、清洁低碳的生活；企业层面，数字化使企业的工作流程更加高效敏捷；在行业层面，数字化首

---

① 参见鞠传江：《中国数字经济进入发展爆发期》，中国日报网，2022年3月13日。
② 参见《华为携手经济学人集团、GSMAi发布〈ICT投资撬动数字经济发展〉报告》，C114通信网，2023年2月25日。

先影响信息密集型行业，渗透率已经达到较高水平；在城市层面，投入数字化的新基建，使城市更安全、高效、更生态可持续发展；在国家层面，数字化影响经济、社会、治理等方面，助力实现兴业、善政、惠民。

越来越多的国家开始认识到数字化的重要意义，目前已经有170多个国家陆续发布了数字国家相关战略，开启并加速数字化进程。在国家战略中，进行顶层设计和规划，并且提出详尽规划，确定明确的目标、落实的项目和执行的主体。多个国家在战略中提出要成为数字枢纽/中心，希望通过优秀的ICT基础设施成为区域数字中心，汇聚人才和创新能力，加速发展本地生态，实现金融、物流、制造等行业升级，提升国家竞争力。

发展数字经济已经成为全球共识。数字经济为全球经济的发展注入新的活力，数字经济等新业态的兴起拓宽了服务贸易的边界。在当今世界百年未有之大变局和新冠病毒的持续影响下，世界经济面临的考验十分严峻，经济复苏和可持续发展成为全球经济发展的主旋律。数字经济具备强大的发展韧性和创新能力，必将带动世界经济的发展，成为经济复苏的重要引擎。

第二节 数字化，中国经济发展的"新引擎"

近年来，我国数字经济持续快速增长，成为推动经济高质量发展的重要力量。数字经济新业态、新模式竞相涌现，线上教育、互联网医疗、远程办公、数字化治理、直播电商、在线旅游等蓬勃发展，为我们的消费带来更为丰富的体验。

1. 我国数字经济发展总量分析

要想了解数智化，首先要了解数字经济的概念。数字经济以使用数据资源作为关键生产要素，以现代信息网络作为重要载体，以信息通信技术的有效使用作为经济效率提升和结构优化的重要推动力的一系列经济活动。

伴随全球新一轮科技革命和产业变革的持续推进，再加上新冠病毒因素的影响，数字经济已经成为当下最具有活力和创新能力的经济形态，并且辐射范围也最广泛，已经成为我国国民经济增长的引擎之一。

2022年7月，中国信息通信研究院发布了《中国数字经济发展报告（2022年）》（以下简称《白皮书》）。《白皮书》显示，数字经济在逆势中加速腾飞，2021年，我国数字经济发展取得新突破，数字经济规模达到45.5万亿元，同比名义增长16.2%，高于同期GDP名义增速3.4个百分点，占GDP比重达到39.8%，数字经济在国民经济中的地位更加稳固，支撑作用更加明显。产业数字化继续成为数字经济发展的主引擎。2021年，我国数字产业化规模为8.35万亿元，同比名义增长11.9%，占数字经济比重为18.3%，占GDP比重为7.3%，数字产业化发展正经历由量的扩张到质的提升转变。2021年，产业数字化规模达到37.18万亿元，同比名义增长17.2%，占数字经济比重为81.7%，占GDP比重为32.5%，产业数字化转型持续向纵深加速发展，有效支撑了国民经济社会的发展。[①]

2002年，我国数字经济占GDP比重只有10%，而在2021年，这一数值增长到了39.8%。[②] 这一变化足以说明数字经济在我国国民经济中的地位越来越重要。之所以形成这种局面，主要有三个方面的原因：

（1）新冠病毒感染的影响。因为全球新冠病毒感染多点散发，中国的各个企业、单位、组织也在采取各种办法，实现从线下到线上工作和交接业务的转化，比如线上办公、在线视频、网络视频等数字化新业态、新模式，都是在新冠病毒感染的倒逼下不断涌现出来的。而新冠病毒感染的出现，也加速了大量企业数字化的进程，很多企业利用大数据、工业互联网等加强供需精准对接、高效生产和统筹调配。

（2）三大产业数字化发展走上快车道。《白皮书》中数据显示，2020年，我国服务业、工业、农业数字经济占行业增加值比重分别为40.7%、21.0%和8.9%，产业数字化转型提速，融合发展向深层次演进。[③]

[①] 参见《中国数字经济发展报告（2022年）》，中国信息通信研究院，2022年7月11日。

[②] 参见《中国数字经济发展白皮书》，《人民邮电报》2021年5月13日。

[③] 参见《数字中国发展报告（2021年）》，腾讯网，2021年11月3日。

另外，从数据中我们也可以看出，产业数字化对数字经济的主导地位正在进一步巩固，为数字经济持续健康的发展提供了强劲动力。2021年，我国数字产业化规模达8.4万亿元，同比名义增长11.9%，占GDP比重为7.3%，与2020年基本持平。2021年，我国产业数字化规模达到37.2万亿元，同比名义增长17.2%，占数字经济比重为81.7%，占GDP比重为32.5%。①

从上述这组数据也能推断出，我国数字产业化的规模尚有巨大的发展潜力和上升空间，这正是企业数智化努力的方向——让数据成为发展经济的关键生产要素，推动数字经济的发展。

（3）各个地方的数字经济都在加速发展。如果只看总量的话，2021年，全国有16个省市区的数字经济规模超过1万亿元。较2020年增加3个，其中广东省居第一。北京、上海数字经济GDP占比超过50%，15个省市区数字经济的增速超过全国平均水平。其中，贵州、重庆数字经济的同比增速均超过了20%。各个地方的数字经济发展，大多呈现高中低三梯度分布的特征。数字经济跃升发展的地区，总是能够辐射和带动周边区域的经济发展。②

2.中国数字化发展新阶段

国家主席习近平在给第四届世界互联网大会所致贺信中指出："中国数字经济发展将进入快车道。中国希望通过自己的努力，推动世界各国共

---

① 参见《中国数字经济发展报告（2022年）》，中国信息通信研究院，2022年7月11日。

② 参见《2022上半年各省市数字经济成绩单》，数据观网，2022年8月10日。

同搭乘互联网和数字经济发展的快车。"①

在麦肯锡发布的中国数字经济报告中,也体现了中国的数字化潜能。该报告从国际地位、数字化进展、背后的驱动力、政策和商业环境五个方面,解读了中国的数字化生态以及发展潜力。

麦肯锡列出的中国数字化指标,反映了中国在22个领域处在不同的5个数字化发展阶段:

(1)在ICT(信息通信技术)、媒体(数字内容提供商和出版商)和金融(客户关系管理解决方案等)等领域,中国的数字化程度是最高的,与其他发达国家持平。

(2)在面向消费的行业,中国的数字化程度也领先国际水平。比如,票务和二手交易市场等各类数字渠道的销售和电子商务的渗透,都处于领先地位。

(3)在政府相关产业(电力等公共事业、卫生保健、政务、教育等)大举投资数字化产业,中国在整体产业数字化指数的排名要高于美国和欧盟(整体规模仍落后),部分行业(如智能电网)超过了美国。

(4)在资本密集型产业(如先进制造业、石油和天然气制造、化工、医药等),中国的数字化程度排名相对靠后,这是因为数字化在总支出中占比相对较小。

(5)在本土化和碎片化产业(如房地产、建筑、农业、个人和地方服务等),中国的数字化程度落后,巨大的数字化空间将使这些行业的竞争

---

① 参见《习近平致第四届世界互联网大会的贺信》,新华社,2017年12月3日。

更加激烈。①

总体来看，我国的数字化产业经济尽管落后于部分发达国家，但是正在以极快的速度缩小差距。这一发展速度和政府对互联网产业、智造产业的政策支持以及对IT基础设施领域的投资，都是分不开的。

第三节　数字化，国家发展战略的必然要求

"十四五"规划中明确提出，要"发展数字经济，推进数字产业化和产业数字化，推动数字经济和实体经济深度融合，打造具有国际竞争力的数字产业集群"②，并且进行了周密的布局。跟紧国家发展步伐，推动数字化发展，是企业的必然选择。

1. 数字化已然站在了国家发展的战略高度

我国在经历了农业经济、工业经济之后，正处于发展数字经济阶段。数字经济，正在推动整个人类社会的生产方式发生变革，不仅改变了人与人之间的生产关系，促进了经济结构的调整，还改变着我们的生活方式。

如果把时间轴拉长到过去的5年，可以看出，数字经济已经逐渐上升到我国的国家战略高度。如何适应当下产业的数字化发展？企业的数字化

---

① 参见《麦肯锡176页报告解读数字中国领先全球的秘密》，亿欧网，2017年12月15日。

② 《旷视付英波："十四五"聚焦科技赋能产业，人工智能高质量发展关键在"融合"》，中国网，2021年3月8日。

转型是当下和未来形势下最好的战略选择。

2016年9月，二十国集团（G20）主席国在杭州峰会上，通过了《G20数字经济发展与合作倡议》。这是全球首个由多国领导人共同签署的数字经济政策文件，体现中国对数字经济的高度重视。[1]

该倡议不仅阐述了数字经济的概念、意义和指导原则，还提出了创新、伙伴关系、协同、灵活、包容、开放和有利的商业环境、注重信任和安全的信息流动七大原则，明确了宽带接入、ICT投资、创业和数字化转型、电子商务合作、数字包容性、中小微企业发展等数字经济发展与合作的六大关键优先领域，在知识产权、尊重自主发展道路、数字经济政策制定、国际标准的开发使用、增强信心和信任、无线电频谱管理六大领域鼓励成员加强政策制定和监管领域的交流，营造开放和安全的环境。

2017年3月，数字经济首次写入《中国政府报告》。报告指出，要推动"互联网+"深入发展，促进数字经济加快成长。在这份报告中，首次出现了数字家庭、人工智能等名词，还指出要促进电商、快递进社区进农村，推动实体店销售和网购融合发展。[2] 至2022年，数字经济已经五次出现在《政府工作报告》中。[3]

2018年3月，发展工业互联网平台首次写入《政府工作报告》。[4] 2019

---

[1] 参见《G20杭州峰会通过〈G20数字经济发展与合作倡议〉为世界经济创新发展注入新动力》，中国网信网，2016年9月29日。

[2] 参见《首次写入政府工作报告的"数字经济"究竟是什么（附白皮书PPT）》，搜狐网，2017年3月10日。

[3] 参见《2022年政府工作报告（全文）》，新华社，2022年3月13日。

[4] 参见李克强：《2018年政府工作报告》，新华社，2018年3月22日。

年,《政府工作报告》明确提出,要"打造工业互联网平台",拓展"智能+"为制造业转型升级赋能。①2020年,《政府工作报告》提出,要"发展工业互联网,推进智能制造"。②2021年,"工业互联网"第四次写入《政府工作报告》③,可见国家对工业互联网助力制造业高质量发展的重视。

2019年5月的APEC中小企业数字经济论坛再次聚焦数字化转型。论坛指出,中小企业在数字经济飞速发展过程中,已经成为这一股潮流的最大受益者。正是因为能够借助信息技术,中小企业才有机会和大企业站在同一起跑线上,能够更加广泛地参与创新与合作,从而更加深入地融入全球产业链和价值链当中去。在这种背景下,中小企业进行数字化转型直至进行数智化转型,已经不是选择题,而是必选题和生存题。④

2020年3月,国家发改委、工信部印发了《关于组织实施2020年新型基础设施建设工程(宽带网络和5G领域)的通知》指出,将重点支持虚拟企业专网、智能电网、车联网等7大领域的5G创新应用提升工程,和在面向智能电网的5G新技术规模化应用方面,将基于5G新型网络架构及智能电网场景,开展5G端到端网络切片及资源调度系统研发,研发网络关键设备和原型系统,提供融合5G技术的智能电网整体解决方案。这些举措的提出,都将为产业数字化和数字产业化夯实基础。⑤

---

① 参见李克强:《2019年政府工作报告》,《人民日报》2019年3月6日。
② 参见李克强:《2020年政府工作报告》,中国政府网,2020年5月22日。
③ 参见李克强:《2021年政府工作报告》,中国政府网,2021年3月5日。
④ 参见《APEC中小企业数字经济论坛聚焦数字化转型》,新华网,2019年5月29日。
⑤ 参见《重点支持智能电网等七大领域!发改委工信部印发2020年新基建5G创新应用指标》《中国能源报》社官方百家号,2020年3月16日。

2021年3月,《"十四五"规划和2035年远景目标纲要》用整整一篇的内容讨论"加快数字化发展,建设数字中国"的重要部署,并且指出,要聚焦高端芯片、操作系统、人工智能的关键算法、传感器等关键领域,构建基于5G的应用场景和产业生态,在智能交通、智慧物流、智慧能源、智慧医疗等重点领域开展试点示范工作。实施"上云用数赋智"行动,推动数据赋能全产业链协同转型。这再次说明企业数智化已经成为不可阻挡的潮流,是历史发展的必然。[①]

2. 数字经济对我国经济发展的战略意义

不可否认,数字经济是拉动我国经济增长的重要引擎,是我国现代化经济体系建设的重要抓手。我国要发展经济,就离不开大数据的发展和应用,不仅要把数据作为一种基础资源,还应将其作为一种创新的重要元素投入以创新为引领的数字经济当中去。

数字经济时代同样是市场竞争全球化、知识化和聚合化的时代,数据已经成为一种关键的生产要素,参与世界的生产分工,而数字经济产业也将逐渐成为主导产业,在更广泛和更高层次的空间发展出惠及普通大众的成果。可以说,数字经济的发展意义重大,主要体现在以下几个方面:

(1)数字经济将引领我国经济由高速发展向高质量发展阶段转变。目前,我国经济正处于转变时期,以往的发展方式、经济结构和增长动力,都在发生变化。在这个关口,中国提出了创新、协调、绿色、开放、共享的新发展理念,正在积极推进数字产业化、产业数字化,引导数字经济和

---

① 参见《"十四五"规划和2035远景目标的发展环境、指导方针和主要目标》,新华社,2021年3月5日。

实体经济相互融合，以便推动经济实现高质量发展。

（2）数字经济满足了生产关系的新发展。比如数字平台和云端共享技术，都为我国探索公有制的实现形式开辟了新途径，在生产关系方面，促进了组织的平台化和资源的共享化。

在传统经济条件下，某种资源往往是人们独自拥有的，不方便与他人分享。但是在数字经济环境下，很多资源组织方式采用"云端制"，即"大平台＋小前端"的形式，可以帮助人们实现资源再出让和利益再分配。比如共享经济，就是将资源的部分使用权出让给他人而获得收益。这种方式改变了传统的商品交换方式，不再具有排他性，在一定程度上实现了"按需经济"的功能和价值。而这一功能的实现，就得益于数字经济对所有权的弱化和对使用权的强化。

（3）数字经济有助于实现共同富裕。在以往的扶贫阶段，国家已有明文指出，在数字经济时代，扶贫工作要树立数字化思维，以大数据实施精准扶贫、以互联网实施网络扶贫、以信息化实施规范扶贫。将数据纳入按生产要素分配的体制机制中，更好地发挥数据对社会经济发展的积极作用，这也是我国收入分配制度改革的重要内容。

具体到每个人，就是把闲置资源通过数字平台进行交易和置换，以此来增加收入。这对于促进我国就业和提高人民生活水平，推动大众创业，改善和保障民生都有积极的作用。

3. 数字化转型是企业的必然选择

可以说新一轮的技术革命，基于互联网发展的高度，正在从点的爆发转向群的突破，这种群的突破，也称之为"新技术群"。主要体现为大数据、云计算、物联网、区块链、人工智能、3D 技术、5G 技术、量子技术等。

正是在此基础上，这一轮技术革命，正在完成从 PC 互联网到移动互联网、从消费互联网到产业互联网、从互联网到物联网、从物联网到智联网、从万物互联到万物智能、从弱人工智能到强人工智能、从强人工智能到超人工智能的转变。

从企业层面来看，这些转变，无一不在推动企业降低成本，提高效率，以及实现价值增值。就成本来说，企业如果顺应这一趋势，至少能降低三个方面的成本：基于信息通信技术 ICT 导致的交易成本的降低，基于 AIOT（人工智能物联网）导致的生产成本的降低，以及基于"新技术群"革命导致的组织成本的降低。

在这种背景下，从工业经济时代转向数字经济时代的各类企业，将面临去物理化、去物质化、去边界化、去人工化、去管理化、去单位化、去中心化、去中介化、去拥有化、去确定化这十个方面的重大变化。发生这些变化才能全面推进数字化转型，甚至同步进行数智化转型。

时代抛弃你的时候，连声"再见"都不会说。技术之箭已在弦上，不得不发。

第四节　数智化，对数字化的更高要求

数字化转型是中国产业升级的重要方向。传统产业要借此实现新增长的新动能。

1. 数智化为产业升级提供重要动能

2009年1月，我国第一张3G牌照发放，从此开启了以物联网、3G/4G/5G、大数据分析等为代表的新一代信息技术的大规模商业化应用，新工业革命的大幕从此拉开。[①]

在这一发展势头的冲击下，在过去的十几年间，我国相继出现了平台经济、分享经济、网络众包、互联网金融等各种新的模式和新的业态。这其中，一些既有的经济模式，比如平台经济和分享经济，其实是以数字化的形式实现了升级。到了数字经济时代，网络平台的出现和业务流程的数字化改造升级，使得这些平台焕发出新的生机活力。

可以说，产业的升级，一方面打造出新兴的产业链，另一方面推动了传统产业的转型升级。目前数字中国建设的重点之一，就是加快数字化发展，促进传统产业的转型升级。这里讲的传统产业，主要包括除高新技术产业之外的很多工业行业。随着互联网、大数据、人工智能等当代信息技

[①] 参见《工业和信息化部为移动、电信、联通发放3G牌照》，中华人民共和国工业和信息化部网站，2019年1月7日。

术的不断发展，数字化、智能化必将成为传统产业转型升级的重要动能。

（1）我国的传统制造业在数字化的驱动下向高端发展。因为数字化与传统制造业的融合，使得企业的生产端与市场的需求端紧密连接，进而催生出很多新的商业模式。而数字技术和制造业的融合，促进了制造业的智能化生产，优化了制造业的内部结构。当下可以见证的是，已经有很多制造业企业正在不断调整内部结构，逐渐向高端装备制造、信息通信和智能制造的方向发展。而数字技术的应用，也提高了制造业内部结构的科技含量，推动企业向智能化方向转型。

（2）制造业和服务业的融合，有赖于数字化的驱动，特别是在传统服务业向现代服务业转型升级过程中，数字化在重塑产业链的同时提升了产业链的水平。尤其是第三产业的发展，数字化起到明显的带动作用。比如大数据分析平台，就是将数字技术和传统零售业深度融合，从而促进电子商务的快速发展，使得各类生产要素在市场平台上自由流动，极大提高资源的利用率。而新兴的服务业也在数字化的推动下，不断优化内部结构，得到快速发展。

（3）在数字化的推动下，企业跨界融合产生了新的业态，从而提升了整个产业链的竞争力。最典型的就是平台经济和分享经济，通过数字技术对现有资源进行重组，催生出新的需求和新的模式。目前，我国在信息通信、高端装备制造、生物医药、新能源新材料等新兴产业方面发展迅速，这些产业都是建立在数字经济基础上的。这些高技术产业的发展以及能源结构的不断优化，不仅促进了传统产业的优化升级，还提升了产业链的竞争力。

从中国目前的产业状况来看，数字化转型已经在消费和服务领域形成了一些新模式和新业态。特别是数字化在新冠病毒感染防控和复工复产方面，确实发挥了重要的支撑作用。

下一步更为重要的是，数字化转型必然会由消费或服务领域向制造业领域转变。数字化转型的难点，就是如何提升数据的生产要素价值，实现数字智能化发展。目前多数企业都能做到不同程度的数字化转型，但是真正做到数智化还有很长的一段路要走。

2.智能制造对数字化的更高要求

伴随我国新一代信息技术的发展，制造业已经不仅限于在数字化方面的转型，而是向更高的智能化方向转型。比如，有了5G通信作为基础，工业应用在通信上的时延可以降低到毫秒级，无人驾驶也可以把精度控制在毫秒级。另外，企业在数字化转型之后，必然会产生大量的数据，尤其是企业在生产、管理等环节，对数据如何进行存储、处理和分析提出了新的要求。这也对数据中心、人工智能技术提出了更高要求。这些要求统一起来，就是企业对数智化的需求。

智能制造就是这一背景下的产物。最早在20世纪80年代，美国赖特（Paul Kenneth Wright）和伯恩（David Alan Bourne）在专著《制造智能》（Smart Manufacturing）中首次提出"通过集成知识工程、制造软件系统、机器人视觉和机器人控制来对制造技工们的技能与专家知识进行建模，以使智能机器能够在没有人工干预的情况下进行小批量生产"[1]。随着人工智能、大数据、云计算、物联网等新一代信息技术的快速发展，这一概念得

---

[1] 《智能制造的发展历程》，《智造苑》2022年6月1日。

到不断深化。

智能制造在实践中主要体现在产品、生产、管理和服务四个方面的智能化升级：

（1）产品智能化。即在产品中嵌入传感器、处理器、存储器、通信模块、传输系统等，从而使产品具有动态存储、感知和通信的能力。这种能力是建立物联网连接的基础，在成为物联网的终端之后，这些智能化的产品就可以实现可追溯、可识别、可定位等诸多功能。

（2）生产智能化。生产智能化的过程可以分为两个层面。一个层面是制造载体的智能化，包括单机智能化，以及由单机设备互联而形成的智能制造单元、智能生产线、智能车间、智能工厂等。另一个层面是制造过程智能化，通过数字智能化技术和先进制造技术的融合应用，在制造过程中涉及各个流程、生产要素乃至上下游的企业，实现网络化协同和柔性化生产。

（3）管理智能化。实现管理智能化的前提是技术与制造融合的不断深入，制造企业能够及时、完整、准确地获得数据，通过对这些数据的智能化分析，进而帮助企业提升资源管理、能源管理、供应链管理、订单管理、设备管理等各个方面的决策效率。这样做的另一个好处是可以被动管理变为主动管理和预防管理，使企业管理更精准、更高效、也更智能。

（4）服务智能化。在生产端，企业实现产品的智能化；在服务端，企业要与终端用户直接交互，以用户为中心，为用户提供更好、更个性化的服务体验，这也是智能制造能够提供的价值增值部分。如今，越来越多的企业，正在从生产型制造向服务型制造转变，就是得益于数智化对企业的支持，使得制造与服务的边界逐渐消失。

放眼全球，可以说所有制造业大国面临的重要课题，都是制造业的升级。如何通过数智技术来提升制造业的生产效率，实现产业链的价值增值，并且抵销逐渐上涨的人力成本，保持自身优势，提升国家制造业的竞争力，这些都有赖于数字技术和智能化的进步。传统产业的数智化转型正是这一发展逻辑下的生存法则和必然选择。

第二章
理解转型底层逻辑，把脉数智商业未来

自 2020 年全球新冠病毒感染暴发以来，数智化转型从试水阶段逐步进入新常态，处在各个商业链条上的企业都将数智化转型提上日程。那么，在谈数智化转型之前，企业首先要深刻理解什么是数智化，其次是了解数智化的驱动因素和底层商业逻辑。

第一节　数字化与数智化

数字化和数智化的主要区别在哪里？数字化和数智化又有什么关系？简单来讲，数字化是数智化的前提和基础，数智化是数字化的延伸和进阶。

1.正确理解数字化和数智化的区别

数字化，指将任何连续变化的输入如图画的线条或声音信号转化为一串分离的单元，在计算机中用0和1表示。通常用模数转换器执行这个转换。

数字化有一个基本过程，就是将大量复杂多变的信息转变为可以度量的数字和数据，在这些数字和数据的基础上，进行适当的数字化转型，即把它们转变成一系列按照二进制代码变成的数字，引入到计算机内部，并进行统一处理。

目前，我们可以将生活中的大量信息通过数字技术转化为数字和数据。这一过程已经成为当下的潮流，也可以称之为IT（Information Technology，信息科技）向DT（Data Technology，数据科技）转化的过程。

数智化与人工智能密切相关，因为人工智能是实现数智化的主要途径。"百度百科"将人工智能定义为：是研究、开发用于模拟、延伸和扩展人的智能的理论、方法、技术及应用系统的一门新的技术科学。

英国知名学者、认知科学家玛格丽特·博登（Margaret Boden）如此看待人工智能：人工智能让我们对人类思维的丰富性和微妙性有了更深刻的理解。……我们的大脑是虚拟机，而人工智能为我们提供了一种方式来思考我们的大脑如何以严谨和系统的方式处理信息。

由此可以分辨出数字化和数智化之间的大体区别：那些由机器完成数据采集和录入的过程，只有在人工预设的规则下才能完成的自动化的工作，都可称之为数字化，包括大数据的分析、计算和运用。因为在这一系列数字运作背后，依赖数据分析结果作出决策的还是人类，或者在大部分场景下还是人类，而不是机器。

什么是智能？智能是智慧和能力的结合。人类从感觉到记忆再到思维的过程称为智慧，而智慧引导下的结果产生了行为和语言，行为和语言的表达过程称为能力。智能拥有四个方面的特征：

（1）感知能力。可以感受外部世界，获取外部信息，这种能力是智能活动的前提。

（2）记忆和思维能力。就是能够存储感知到的外部信息，以及通过思维产生的知识，能够利用已有的知识对信息进行分析、计算和判断等，并能够作出决策。

（3）学习和适应能力。在周围环境的相互作用下，能够及时学习新的知识，不断积累，然后适应周遭环境的变化。

（4）行为决策能力。就是在上述能力的基础上，针对外界的刺激作出反应并且形成决策。

只有具备了上述四大特征，才能真正称得上智能化。而数智化，是数字化＋智能化的结果。

因此，数字化仅仅是数智化的技术基础，是将所有信息进行数字化的处理和加工。而智能化是数智化的有效推进。只有让数字化之后的系统能够实现代替人工进行相关的决策和行动时，才能说达到数智化。所以数智化是数字化的更高阶。

2.数智化是多维度的数字化进阶

从数字化和数智化的区别可以看出，两者之间的关系是层层递进的。也就是说，数智化是在数字化的基础上的演进和发展，但又不完全是从数字化脱胎而来的。

除了支撑两者的技术体系存在很大的差异性之外，它们在很多维度都存在明显的差异性和递进性，包括企业在数智化过程中面临的市场特征、技术诉求、技术开放性、经营理念等几大维度，都存在明显的差异性，同时，又具有不可忽略的关联性。

（1）从两者的技术支撑来看，数字化实现的是从IT到DT的转变。数字化转型是在传统的IT架构基础上实现的，而数智化转型的基础是以云管端+AIoT等为代表的新技术群落。正是因为技术架构的不同，两者的开发流程、开发逻辑和使用方法、工具都需要发生迁移，还有商业模式的重构。

（2）从两者面临的市场特征来看，特别是在面对消费者需求时，数字化面临的是相对确定性的需求，但是数智化时代的企业，面临的是非常个性化和不确定性的需求。在数字化时代，企业面对的消费者或客户都是建立在大众化基础上的,是有一定规模的消费群体,他们具有相对确定的需求,这就使得企业的客户关系管理、企业资源管理,以及相应的生产安排、工艺设计、营销计划等,都是相对明确和成规模的。

但是在数智化转型时代,消费者首先发生了巨大变化,其次是市场需求变得碎片化和不确定,更加追求个性化,凸显自我。相应地,企业在客户关系管理、企业资源管理,以及市场运作方面,都需要进行更加精准、实时、动态的决策和配置,这是数智化的机遇,也是挑战。

(3)从企业的经营理念来看,数字化时代的经营理念主要以产品为中心。也就是说,一个企业只要解决好产品成本、制造效率、产品质量等问题,就是合格的企业。甚至只要产品质量过硬,就能吸引一大批消费者。

但是在数智化时代,企业要转变的一个重要思路就是,如何从以前的以产品运营为核心转变到以客户运营为核心。要努力提升客户的全生命周期体验,建造一套以客户运营为核心的技术体系,真正做到"客户就是上帝"。特别是关注逐渐新兴起的以"90后""00后"乃至"10后"为主力的消费群体,要研究他们真正需要的是什么。而这些,都有赖于企业在各个环节的数智化转型。

(4)从技术的核心诉求来看,数字化时代对企业要求最多的是提升运营效率。数字化转型企业主要思考的问题是怎么通过技术来提升企业的经营管理效率。

但是在数智化时代,要求企业在提升经营效率的同时,进行产品创新、业务创新、服务创新以及管理创新。创新,甚至被放在了关系企业生死存亡的位置上。

（5）从技术体系的开放性来看，在转型过程中企业必须做到的是，将封闭的技术体系向开放的技术体系转化。过去，企业数字化的目的不过是在企业内部提升经营效率，所以各种硬件和软件都被封装起来，成为一套封闭的技术体系。

在企业数智化过程中，因为企业是以消费者、客户为核心来运营的，这就要求新的体系能够实时感应、捕捉到客户的信息，这些信息的架构主要依赖于云计算、数据中心以及移动端的开放等。因此，只有企业的上下游，从供应商、代理商到客户都能够实现数据集成，构建一个开放的技术体系，这样才有可能实现全局决策的最优化。

（6）从技术的交付形式来看，两者的转型，就是数字技术从提供解决方案向提供运营方案的转型。在传统意义上的IT时代，数字化带给客户的好处主要是相关硬件和软件的更新，以及产品的解决方案，相当于把企业的业务数据化了。

在数智化转型中，企业需要的不仅仅是数字化改造，更需要创新出一整套面向客户全生命周期的服务和运营的解决方案，以实现数据业务化。相关内容我们将在本书第五章作详细介绍。

综上所述，数字化是数智化的前提和基础，而数智化是数字化和智能化的融合，是数字化的演进和进阶，是企业更高一级的目标，也是适应当下世界经济环境以及国内经济大循环需要的关键一环。

第二节　数智化的驱动因素——数据成为生产要素

对数据的充分挖掘和利用，不仅可以优化资源配置和使用效率，还改变了人类的生产、生活和消费方式，推动商业变革，促进社会和经济发展。因此，数据成为数字经济时代重要的战略资源和新生产要素。

1. 生产要素的演进

在经济学中，生产要素指进行社会生产经营活动所需要的各种基本资源。它可以进行市场交换，形成各种生产要素价格与体系，并由此形成要素市场。

随着社会经济的发展和进步，生产要素不断演进，在不同的经济形态下，生产要素的构成和作用机理不尽相同。数据作为新的生产要素，驱动人类社会向更高级的发展阶段迈进。

我国在长达数千年的农业社会中，决定经济发展的主要因素是土地和劳动力。进入工业经济时代后，技术逐渐取代人工。此阶段促进经济发展的最重要生产要素从劳动力转变为机器设备等。

上古时代文明中出现了"结绳记事"，发明文字后，出现了"文以载道"，现如今我们可以用数据建模。其实，数据一直都伴随着人类的发展，只不过当互联网走向商用，人类对掌握数据、处理数据和利用数据的能力有了质的飞跃，数据才成为生产要素。

从长期来看，数据要素将大规模融入社会生产、分配、交换和消费的各个环节，成为推动全球经济新一轮增长的重要引擎。因为数据要素构建了人类对客观世界的理解、预测和控制的新体系和新模式，所以数据驱动决策替代了经验决策，又在数据、算力、算法合力的基础上，对物理世界进行描述、原因分析、结果预测以及科学决策。

2.数据要素成为我国经济增长的核心力量

20 世纪 90 年代以来，以计算机为代表的现代信息技术的发展，为数据处理提供必要的方法，数字技术因此成为助力经济发展的新工具，成为引领经济发展的核心，数字经济也由此诞生。数据作为一种生产要素的特征和作用已经初现端倪。①

从全球的数据来看，世界各地的数据规模都呈现爆发式增长。根据国际权威机构 Statista（全球统计数据库）的统计，仅 2016 年至 2019 年，全球的数据量分别为 18ZB、26ZB、33ZB、41ZB（1ZB=10 万亿亿字节）。而国际数据公司（IDC）更是大胆提出预测，2025 年全球数据量将是 2016 年的 9 倍，达到 162ZB。值得注意的是，尽管全球数据总量呈现增长趋势，数据的分析应用却处在较低水平，大多数企业仅有 1% 的数据能够得到有效地分析和应用。②

中国的情况则更为典型。一直以来，我国都是人口大国和制造业大国，由此产生的数据量非常庞大。截至 2020 年 3 月，中国网民规模达

---

① 参见《信息技术的过去、现在和未来》，中国科学院微电子研究所集成电路先导工艺研发中心，2013 年 9 月 22 日。

② 参见《沈艳：数据不用就安全了吗？》，澎湃新闻，2022 年 5 月 25 日。

9.04亿，互联网普及率达64.5%。①IDC发布的统计数据显示，2018年，我国数据产生量约占全球数据产生量的23%②，仅低于EMEA（欧洲、中东、非洲）的数据产生量（约30%），是国际上名列前茅的数据资源大国和全球数据中心。2019年，我国数字经济对GDP增长的贡献率达到67.7%③，已经成为我国经济增长的核心关键力量。

数据已经参与我国国民经济的整个运行过程当中。数字经济，不仅是对海量的数据进行处理分析，还将与各个行业相结合，进行有效利用，从而提高全要素的生产效率。其在我国国民经济增长过程中，承担着推动质量变革、效率变革和动力变革的角色。

3. 数据被列为重要的第五生产要素

一直以来，我国对数字经济都十分重视，信息资源被当作非常重要的生产要素。

2017年，习近平总书记再次着重强调数据作为新的生产要素的重要性，强调数据是新的生产要素，是基础性资源和战略性资源，是重要的生产力。因为数据已经和其他生产要素一起，融入经济发展的价值创造中，对生产力的发展产生了重要影响。④

2019年10月31日，中国共产党第十九届中央委员会第四次全体会议通过的《推进国家治理体系和治理能力现代化若干重大问题的决定》中

---

① 参见《中国网民超过9亿》，《人民日报（海外版）》2020年4月29日。
② 参见《为什么"数据"能够成为第五类生产要素》，腾讯网，2020年9月17日。
③ 参见《数字经济对GDP增长贡献率达67.7%》，《北京日报》2020年9月18日。
④ 参见郭凯天：《以精细科学的制度设计，释放数据生产要素价值》，求是网，2020年4月21日。

明确指出：健全劳动、资本、土地、知识、技术、管理、数据等生产要素由市场评价贡献、按贡献决定报酬的机制。⑤

这一决定第一次提出了数据作为生产要素之一，要使之参与分配。数据已经从最初的投入阶段进入产出和分配阶段，标志着我国正式进入数字经济红利大规模释放的时代。一旦数据参与产出和分配，就意味着数据的作用已经不仅限于一个个数字，而是要被充分利用和进行合理配置，从而参与更多价值创造。这就是数字智能化阶段，也就是要达到数智化的要求。

2020年4月9日，中共中央、国务院首次公布关于要素市场化配置的文件——《关于构建更加完善的要素市场化配置体制机制的意见》（以下简称《意见》），其中提出土地、劳动力、资本、技术、数据五大生产要素的改革方向和相关体制机制的建设要求。至此，数据作为第五大生产要素，首次被列入和其他四大生产要素同样重要的位置。⑥

在《意见》中，明确提出要加快培育数据要素市场，全面提升数据要素价值。主要从三个方面入手：

（1）推进政府的数据开放共享。在各地的经济治理基础数据库的基础上，推动各地区、各部门之间的数据共享和数据交换，并出台新一批数据共享责任清单。特别是在企业登记、交通运输、气象等公共数据领域，要

---

⑤ 参见《中国共产党第十九届中央委员会第四次全体会议公报》，中央广播电视总台央视网，2019年10月31日。

⑥ 参见《中共中央国务院发布关于构建更加完善的要素市场化配置体制机制的意见》（2020年3月30日），新华社，2020年4月9日。

尽早实现数据开放和数据资源的有效流动。

（2）提升社会数据的资源价值。当前数字经济引领了很多新业态、新产业和新模式，数据资源已经被应用在农业、工业、交通、教育、安防、城市管理、公共资源交易等领域，实现了创新型场景。政府发挥的作用就是将数据的开发规范化。另外，政府还鼓励行业协会和商会发挥能动性，推动数据采集标准化。比如，要在当下正热的人工智能、可穿戴设备、车联网、物联网等领域，做好数据采集标准化工作。

（3）加强数据资源的整合和安全保护工作。目前，数据作为生产要素，其与其他四种生产要素不同的是，数据的产权问题仍未解决。土地、资本或劳动力等要素具有专属性，但数据很复杂，包括数据本身、分析数据中再产生数据、重复数据等。目前在确权方面缺乏实际的标准规则。

数据的特殊情况要求市场尽快建立起完备的体制机制，包括数据的确权、定价、开放、监管、安全保护等，形成良性循环的生态圈，这样才能发挥数据对其他要素效率的倍增作用。

因此，政府也在探索制定统一且规范的数据管理制度，根据数据的性质完善产权性质，制定数据隐私保护制度和安全审查制度，并积极推动完善适用于大数据环境下的数据分类、分级的安全保护制度。无论是政务数据，还是企业数据或者个人数据，都将受到越来越合理的保护。

第三节　数智化的底层逻辑——新型的消费和供给变革

无论从历史角度，还是从全球角度来看，当今的制造业乃至其他所有行业，比如零售业、服务业等，最底层的逻辑其实都是一样的，就是在经济发展过程中，有两样东西发生了革命性的变化：一个是消费端的需求本身发生了变化，另一个是供给端的技术发生了变化。

新型消费和供给的变革，不仅带给C端消费者不断更新的物质和精神体验，而且在供给端改变着以往的商业模式，涌现出很多新业态、新模式，衍生出很多新型的商业机会。

1.C端消费变革倒逼企业数智化

在数字经济时代，C端消费者本身、消费者习惯、消费者行为、消费者偏好等，都已经发生了翻天覆地的变化，主要体现在以下四个方面：

（1）消费者本身的变化。特别是当今的消费主体——"90后""00后"的世界观和价值观和以往相比明显不同。他们出生在互联网时代，成长在信息爆炸的世界里，和虚拟世界的角色一同长大，物质条件相对比较富足。这些被称为"互联网原住民"的一群人，有着自己的生活方式和处事逻辑，他们接受的世界观和人生观更加多元。这是消费主体的变化。

（2）消费习惯的变化。我们处在一个高度碎片化的环境中，时间、注意力、眼睛很难长期集中在某件东西上。表面上看似浮躁的环境会影响消费者的每一个决策。比如，在买衣服时，大多数人已经习惯在网络上主动搜索、向别人询问相关信息，然后作出自己的判断。也就是说，我们的消费决策链条，和以往相比已经发生了很大变化，已经更加依赖于信息和网络。

（3）消费者背后的消费逻辑产生了变化。以往消费者心目中的物有所值和当今"90后""00后"的消费观念千差万别。过去，我们会花大价钱买一块名贵手表或者一件名牌服装，在购买必需品的时候更多的是考虑性价比。但是，在互联网生态中成长起来的消费者，会花几万元购买心仪的虚拟产品，还会花大价钱收藏看似没什么用的手办。这些消费观念，都在挑战企业经营者的神经。

（4）消费者中意的产品形态和服务都发生了变化。消费者在整个经济体系中，扮演的不仅仅是消费端的一个角色，而是希望更多地参与到产品和服务前端中去，期望产品和服务能够更加精准地表达自己的个性。消费者的决策权在互联网环境下被逐渐放大了。

因此，如今的消费者所处的经济生态演变成了如下情形：消费者周围充斥的是完备的物流空间和丰富的数字空间，直播、短视频、社交媒体、电商等，成为品牌方的主要营销方式，通过线上的内容轰炸持续影响消费者和积累粉丝；消费者的需求越来越粉尘化和随心化，消费者的个性需求大爆发，小众品牌崛起；消费者在作出购买决策时，路径呈现多元化特点，也更容易受情绪控制；而年轻的消费者，更愿意为那些"精神"层次的东西买单，比如电竞圈、二次元圈、国风圈、模玩手办圈和硬核科技圈等，这些圈层的消费者都有着较强的消费能力。

正是因为 C 端消费者在消费、生活、工作、休闲、学习等方面的行为已经高度数字化，呈现线上、线下多渠道、多触点并且全面融合的特点，才令处在供给侧也就是 B 端的企业显得有点儿落伍了。实际上，B 端的数字化要远远落后于 C 端，就更别提企业的数智化了。

因此，C 端的变革是在倒逼 B 端加速开展数字化和进一步数智化，这也是未来几十年里，企业战略发展层面需要重点考虑的问题。

2. 供给端的数智化驱动未来可持续增长

供给端的技术发展，是在过去半个世纪的信息技术创新的基础上逐渐发展到现在这样的。技术创新一直在不断地融入商业创新，特别是过去的 50 年，我国在集成电路软件、芯片的基础上，实现了技术的加速创新。当消费端和供给端的技术不断更新迭代时，数据作为一种要素已经融入消费端和供给端的体系中，并且优化了资源配置。

但是，供给端的数字化甚至数智化发展，相比消费端更加任重道远。这不仅是机遇，也是挑战。从产业的角度来看，供给侧的全面数字化是数字经济发展的关键所在，因为供给端的数字化就意味着要贯穿整个产业链的供给环节，对于产业链的转型升级具有极为重要的作用。

通观整个产业链，最终端是需求侧也就是消费者，是客户，而终端之前的每一条供给链条，实际上都是上一级链条的需求侧。这也就意味着，数智化必须贯穿整个产业链才是有效的。

比如，住宅的终端是买房子的人，这时候供给端就是开发商。而开发商作为房屋的建设者，又是建筑材料，包括钢材、水泥等的消费者。而钢材供应商又是钢铁企业的消费者，钢铁企业又是煤炭、铁矿石的消费者。

依次往上追溯就可以看出：正是每一个细小的供需环节，环环相扣形成了一个完整的产业体系。所以，我们所讲的消费端的数字化发展也仅限于产业链的最后一环，是最终产品与消费者的供需关系。但是这还远远不够。实现供给侧数字化甚至数智化的目的，不仅限于让购房者实现同城比价和网上交易，还要让开发商实现钢材的线上采购和线上预约，实现钢铁企业线上拍卖矿山、煤炭采购等环节，让数智化贯通整个产业链。

总体来讲，供给侧的数智化变革主要从以下四个方面入手：

（1）扩大供给主体。鼓励中小企业敢于创新和承担风险，以消费者需求为核心，通过更灵活的商业模式、更丰富的业态形式，提供品质更高、体验更佳、服务更便捷的产品和服务，打破传统市场格局，促进市场竞争。可以说，中国的制造业以及其他所有企业，都应该具备数智化的意识，并且开始有所行动。

（2）鼓励大规模定制化供给。随着消费者结构优化和品质不断升级，以及更加重视个性化，这使大范围定制化供给成为可能。以制造业数字化为基础的"智能制造"将成为未来工业生产的主流，通过线下生产线和线上数据分析的深度融合，形成智能化解决方案，既能够满足消费者的个性化需求，也能实现产品的大规模生产。按需生产、精准定制将成为常态。

（3）提升供给效率。企业的数字化通过线上线下相结合的方式，或者主要通过线上就能够为消费端提供服务，不再受到场地、距离、时间的限制，至少能节约时间成本。特别是在新冠病毒感染期间，数字化成为很多企业的必选项。通过线上线下协同，为社会提供了大量的就业机会，使得交易成本下降，市场更有活力。

（4）提升数据在供给侧中的决策能力。这是对企业数字化提出的更高要求，即要实现企业的数智化。因为供给端的最终目标是要和需求端实现精准匹配。企业如何在经营过程中实现低成本和精准获客？企业如何提升营销效率？企业如何在产品和服务的每一个环节获得更加精确的数据分析，让数据能够为企业提供合理、有效、实时的决策建议？这些都是供给端企业数智化追求的目标。

第四节　数智化的重要意义——驱动增长，引领未来

对于国家来讲，数智化关系到国家经济的可持续发展。对于企业来讲，数智化是企业保持核心竞争力的有效手段，也是当前环境下关乎企业生存的必然选择。

1. 数智化驱动经济增长

当前5G、大数据、云计算、人工智能等创新数字技术被广泛认为是引领新一轮科技革命和产业变革的关键力量，已经发展成为国民经济的战略性、基础性、先导性产业，而这些都是数智化的必备技术。

我们今天大部分的信息都可以用符号和文字表达，而智能机器人对这些信息数据进行深度学习，不断优化迭代，从而满足人们的需求，这就是算法。有了算法之后还需要计算，这就是算力。算法和算力使数字化的能力不断提升，向数智化发展，将通过大平台不断驱动数字经济的发展。比如人工智能和云计算等。

众所周知，摩尔定律的发明使得算力的成本越来越低。每过18个月，算力的密度就增加1倍，成本却在逐步下降。所以就供给端来讲，如果企业能实现数智化，成本只会越来越低。在数字化和数智化技术驱动下，商品会越来越便宜。这时从供给端驱动的经济增长大部分将以硬件的形式体现。

数智化驱动经济的另一个方向是软件驱动。因为软件可以快速迭代，很多软件可以实现两周迭代一次，更新速度非常快。这种更新就和生物物种一样，凡是进化速度快的物种生命力都更强。到了数智化时代，软件的更新迭代加速了数据的分析、处理能力，也加快了企业通过数据实时决策的能力，那些实现数智化的企业，更能够适应外界的快速变化，更能够对整个经济生态的改变作出快速回应，因而也更容易生存下来，获得更好的发展。

在数智化过程中，每一次调用硬件或者软件都会产生数据沉淀。这些数据承载的是人类对需求的理解，还有对满足需求的任务的理解，其实就是一种知识沉淀。这些沉淀又成为下一轮数智化应用的基础。如此不断叠加，迭代越来越快，数据沉淀也越来越多，从而有更多的需求被理解，最终整个社会都来协同处理这些数据，形成一个极为高效的价值增长。这都是数智化带来的结果。

数字经济已经成为撬动经济社会发展的一根杠杆，支点就是实体经济。因此，把互联网、大数据、人工智能和产业深度融合，推进重点领域数字产业的发展，立足重大技术突破和重大发展需求已经迫在眉睫。数智化可以增强产业链关键环节的竞争力，加速相关产品和服务的迭代。

企业通过新一代信息通信技术赋能，加快数智化转型。相应地，制造业、服务业、农业等传统产业才能加快产业结构的优化升级，从而激发新的生产活力。当数智化转型步入轨道，上下游的生产要素资源才会加速有效整合，催生出一系列新产业、新业态和新模式，从而进一步推动经济向好、向可持续发展的道路上前进。

2. 数智化改变商业未来

数智商业时代，数字经济正成为重组全球要素资源，重塑全球经济结构，改变全球竞争格局的关键力量。正如达尔文在进化论中所说的，当产生断裂带的时候，既是生物大破坏的年代，也是生物大繁荣的年代。企业的数智化转型是一个系统工程，是一个脱胎换骨的过程。它关乎企业能否具有面向未来高质量发展的竞争力，能否成为未来时代活下来的物种，甚至是最为繁荣的那个物种。

企业的数智化就像锤子钉钉子的过程。企业推进数智化进程，改变的是商业的未来，数智化是路径，企业价值是方向，企业的发展是数智化的目标。向数智化转型的企业，应当具备客户导向、员工能动、生态共荣、数据驱动、实时感知和智能运营这六大特征。数智化的最终目标是帮助企业取得更强的竞争优势，收获更高的经营业绩，以及更有后劲的发展方式。

纵观30多年来，信息技术以及数智技术在中国的发展，很多企业的数字化应用已经走在世界的前列。随着数智技术的发展，会有更多的中国企业在数智化这片土壤上蓬勃发展。数智技术应用和产业互联网建设，正在通过工业化、信息化、智能化等方式，重新建构更加宽泛的产业生态。

以华为公司为例,其一直基于通用的底座,开发出像乐高积木一样的可以拼插的通用技术,然后开展数智化创新来服务于广大行业。在这个基础上,企业再发挥各自优势形成竞争力。借由数智商业创新,行业的数字化转型必将集众智、聚众力,最终形成数字化转型的中国思路和中国方案。

在国家政策层面,我国为牢牢把握数字化、网络化、智能化方向,推动互联网、大数据、人工智能与制造业深度融合,正在深入实施工业互联网创新发展、5G+工业互联网、智能制造等系列工程。

2018年,工信部发布《工业互联网发展行动计划(2018—2020年)》。[①] 自此,工业互联网融合应用向钢铁、机械、电力、交通、能源等40多个国民经济重点行业拓展,应用正在从研产供销服务各个环节,向全环节、全流程综合集成应用和多领域系统创新延伸,赋能、赋智、赋值作用不断显现,有力促进了实体经济提质、增效、降本、绿色、安全发展。

同时,我国依托全球最大规模的5G网络,正加速赋能千行百业。5G应用创新案例已超过1万个,在工业、媒体、医疗、教育等行业领先发展。5G+工业互联网在建项目已经超过1800个,这有力支撑了实体经济向数字化、网络化、智能化转型升级。

2021年,工信部发布第2个三年行动计划——《工业互联网创新发展行动计划(2021—2023年)》。[②]"十四五"时期,我国工业互联网创新

---

① 《〈工业互联网发展行动计划(2018—2020年)〉印发》,工业和信息化部官网,2018年6月7日。
② 《关于印发〈工业互联网创新发展行动计划(2021—2023)〉的通知》,工业和信息化部网站,2020年12月22日。

发展以新格局还将加速构建，以展现新型工业化进程的强劲动力和广阔前景。

数智化的崛起正在撑起一个充满希望的商业未来。有数据预测，从2015年到2025年，数字经济占比将会提升15%—24%。与数智化密切相关的人工智能计算，能够带来的GDP的增长在全球将会占到1.2%，在中国更是会达到1.67%。这就意味着在2030年之前，数智化带动的产业基本是万亿级产业，甚至是两万亿级产业。[①]

未来，我们能够把握的是，提升对数智化的认知和主动拥抱数智化的意识，以及在此基础上所做的一切改变。

---

① 《"数字化"到"数智化"，一字之差会改变什么？》，王守山学堂，2023年6月30日。

第三章
明确自身转型短板，探索数智转型方向

数智化转型是一场认知与思维的革命，正成为企业的普遍共识。企业数智化升级要从宏观入手，首先需要理解新技术如何加速数智化进程，其次需要理解各行业数智化转型的不同，理解一家成熟的数智化企业究竟有何特征。在转型之前，企业管理者们尤其是决策者们更需要革新自己的思维模式。

第一节 新技术加速数智化进程

从古至今，人类的每一次进步，都与科学技术的发展息息相关。数智化更是得益于大数据、人工智能、物联网、增强现实等技术的发展。可以说，数智化的每一个发展阶段，都伴随着新兴技术的应用。

1. 技术与商业的相互演进

当我们回顾商业的发展历史，就不可避免地要涉及技术，因为技术和商业的发展始终相互促进、相互拉动，二者是协同演化的关系。

在20世纪70年代至80年代，技术的发展曾经给很多企业，特别是当时的大企业带来了显著的工作效率和经济效益。比如沃尔玛，它的创始人山姆·沃尔顿早年服役于美国陆军情报部队，所以他特别重视信息沟通和信息系统建设。他创办的公司计算机网络配置在1977年完成，可处理工资发放、顾客信息和订货、发货、送货等，并达成了公司总部与各分店及配送中心之间的快速直接通信。①

先进的电子通信系统让沃尔玛占尽先机，使它很快成为具有全球规模、反应迅速的商业生态系统。但是到了20世纪80年代特别是90年代以后，商业世界越来越复杂多变，传统的IT技术很难有效应对这种变化。

---

① 参见《沃尔玛："信息技术始于战略，而不是系统。"》，搜狐网，2017年4月15日。

一方面是产品本身越来越复杂。原本只是一个简单的机械类产品，开始演变成一个智能的互联网产品，产品本身要增加传感器、通信模块、计算模块甚至软件等。另一方面是消费者需求本身越来越个性化，使得企业对产品的研发、设计和生产从规模化走向个性化定制。这些变化给公司运作带来了一系列复杂的挑战。

国际咨询机构BCG通过对100多家欧美上市公司的研究发现，在21世纪最初的15年间，这些公司的工作程序、垂直层级、协调机构和决策审批步骤增加了50%—350%。这种管理复杂性的增加，正是为了应对日益复杂的客户需求和市场环境。

随之会发生什么变化呢？就是倒逼技术发生相应的改变，传统的IT技术既然不能适应管理的复杂性，那么其架构就不得不向云架构迁移。在21世纪初期的20年间，这一迁移一直在持续，并且不断加速。2019年10月，亚马逊消费者业务关闭最终的甲骨文数据库，将存储在近7500个甲骨文数据库中的75PB的数据完成了迁移，这些数据包括复杂的采购、目录管理、订单履行、会计和视频流。这使得亚马逊的数据库成本降低60%以上，面向消费者的应用程序延迟将减少40%，切换到托管服务的数据库管理开销将减少70%。这充分说明，技术不得不随着商业的发展而持续升级。①

科技发展到今天，技术和相应的商业化已经不好分开。仅从数据的获取来看，大量科学研究的数据只能通过大量商业化行为获得，产学研之间的关系越来越紧密，迭代的闭环越来越紧凑。

---

① 参见《甲骨文危机之下，亚马逊宣布消费者业务不再使用其数据库》，新京报网，2019年10月16日。

所以对于那些有志于数智化转型的企业来讲，更需要关注的是科技发展带来的机会。在今天这个时代，只要有顶尖技术，有好的想法和创意，就有机会拥抱大量资本，奔跑在商业的最前沿。

2.企业数智化进程的五个阶段

在经历了20世纪90年代以来的传统软件安装期和消费者在线化的过程之后，很多企业已经实现了数字化。当前，企业正在进入数智化转型的新阶段。在这一转型期，基础设施云化、中台化、移动化都在推动企业从业务数据化向数据业务化转型，从单轮驱动向双轮驱动转型，最终实现全链路的数智化。总结起来，这一过程主要分为五个阶段进行：

第一阶段是信息化。通过安装办公自动化（OA）、企业资源管理（ERP）、供应链管理（SCM）、客户关系管理（CRM）等各类信息化软件，企业可以构建单点业务环节的信息系统，使企业的研发、生产和经营流程得以优化，管理效率得到提高，这些都为深入数字化转型打下了基础。

第二阶段是在线化。互联网的普及给商业带来的最大变化，就是商业系统随之进入在线时代。由此商业世界可以通过网络世界实现多场景的业务闭环优化。从3G的出现，一直到4G、5G的加速迭代，催生了包括电子商务、社交网络、移动支付、网络约车等新业务，也推动着消费者在线消费习惯的养成，以及店铺、商品、组织、管理、服务的在线化。

第三阶段是云端化。新型商业基础建设，包括以云计算、物联网、人工智能、5G、数字孪生等为代表的智能技术群落，正在国家政策的积极推动下快速向前发展。从2020年以后的5到10年间，将是新型数字基础设施安装和服务交付期。这一发展促使企业应用软件加速云化，一批云原生技术持续涌现。随着数据中台、业务中台、AIoT 中台建设步伐加快，数据孤岛逐渐消除并促进数据业务化，从而推动企业内部资源与能力共享。

第四阶段是数字化。当企业的传统 IT 基础设施实现云端化、AIoT 化、中台化、移动化之后，企业的数据从线上到线下、从内部到外部、从消费端到供给端，都打通并勾连起来，企业就可以基于消费端的数据运营，智能重构供给端的品牌、营销、研发、渠道、制造等供给体系和价值链体系，构建一个全要素的运营体系。

第五阶段是全链路数智化。这一阶段以消费者运营为核心，实现消费端与供给端全要素、全场景、全生命周期的数据智能，建立企业智能运营和决策体系，持续推动企业产品创新、业务创新、组织创新，构建强大的新竞争优势。

总之，企业的数智化转型，是基于 DT 技术、架构和移动端，从数字化到数智化转型，是企业对新型商业基础设施的重构、迁移和转换，是以消费者为核心重构数字商业生态。

3. 新技术驱动下的数智化应用场景

企业经营管理过程中的每项具体业务都是由无数个相互关联的业务场景（业务节点）构成的。业务创新或变革，其实是从技术驱动下的典型业务场景变革开始的，而业务的运行效率取决于与其相关联的每个业务场景的衔接流畅程度以及运行效率。

总结过去几年一些企业的数智化转型经验，我们发现，无论是制定转型战略，还是逐块、逐个项目以及逐个阶段的数智化改造，落脚点大都在业务场景中，而且这些场景是串联起来的。实际上，场景就是企业数智化转型的重要抓手。

以某服装品牌对库存管理的数智化改造为例。原本该企业的库存管理权归各区域分管，所以存在调拨不畅的问题，库存不能保障在一个合理的范围之内。其痛点就是既要降低库存成本和风险，又要及时保障多渠道的销售需求。

怎么做才能解决这一难题呢？该企业找到了问题出现的场景就是营销体系中的库存管理场景。明确场景后，该企业基于营销中台的搭建，将库存的管理权收归总部进行统一管理调度。这样企业可以快速响应市场变化，将库存调拨和营销策略紧密结合起来，从而加快了库存流转。

如果站在战略角度，决策者可能要思考的就是如何制定数智化营销战略，让营销中台如何支持渠道、统一库存等。但如果从场景切入，也许只用花费很小的成本，就能实现业务的提升。

同样，不同的业务场景，不同的企业数智化阶段，不同的行业，往往数智化升级的方向也不同。因而中关村信息技术和实体经济融合发展联盟（简称"中信联"）便提出：企业的数智化转型可谓"千企千面"，每家企业需要找到自己企业的新价值点，无论是数字转型还是数智转型，根本任务是价值体系重构，核心路径是价值能力建设。

第二节　对标数智化企业典型特征

伴随数智技术的推广和深入应用，人类进入数智化时代已经是大势所趋。在这场波澜壮阔的数智化大潮下，数智化企业和传统企业相比，二者在业务、组织、IT等诸多方面展现出不同特征。在以客户为中心的核心体

系构架下,前者更凸显出在组织结构、创新模式、客户洞察能力等方面的优势。具体体现为以下七个特征:

1. 以客户为中心

以客户为中心是企业数智化转型的主要目标,企业的组织架构、创新能力、考核机制、营销方式等,都是围绕客户展开的。企业数智化的目的就是挖掘客户需求,精准把握客户变化,精心设计满足客户体验的互动方式等。

但是,在数智化过程中,企业应该注意不要过于侧重局部环节的改变,而要从全局、内在的角度出发,避免出现创新方式的缺失、全企业组织结构没有相应的调整、针对客户的数据洞察不足、以客户为中心的激励体系不完善等问题。

无论多么高大上的智能技术,抑或多么全面的数据分析,都不能脱离业务场景、客户体验场景,因为企业最终要实现的目标就是两件事:解决客户问题和提升客户体验。脱离客户的数智化是虚无缥缈的,只有深入服务场景,才能为客服工作插上智慧的翅膀。

2. 从业务在线化转向应用全景化

在数字化时代,企业所有的业务、服务以及管理等,统统从线下转移到线上,这一过程提高了企业在各方面的处理效率,同时业务也得到了优化。从表现上看,企业所采用的所有云部署,都是为了实现业务和管理的在线化。

进入数智化时代,一个重要的进阶就是所有端口都有了连接,所有的业务、客户、渠道等都可以用数据来体现,数据无处不在。企业的业务和管理触角,会通过数智技术的关联,延伸到社会、生活、商业的方方面面，所以企业员工的工作时间，可能不仅仅局限在"朝九晚五"的8个小时之内，工作的对象也不仅仅限于内部的员工或者外部的客户。因为数字的生成和优化，数智化决策是实时更新不断优化的，这就要求企业建立起全渠道的服务体系、全天候的业务连接，以及零延时的数字生成机制。这就要求企业要实现移动办公的应用全景化，这是数智化时代的必然要求。

3.从结果静态化转向过程动态化

过去的企业在线业务主要处理的是静态数据和结构化的数据，这些数据往往只是一个静态的结果。到了数智化时代，因为企业设置了智能管控，结合物联网的边缘计算，企业就可以完成运营全过程、多类型、非结构化的数据采集。

比如，通过节点数据采集，可以准确计算响应时间和响应效率；通过文字、图片、视频等不同类型数据的智能分析，可以作出更全面更精准的评估；通过非结构化行为数据的聚合分析寻找相同点，或者离群分析寻找不同点，可以对组织或个人的潜在倾向或未来趋势进行科学预测等。这些过程都是动态的，是以过程为导向的，因此在决策层面更加精准高效。

4.员工的真实诉求向个性化发展

在数字化时代，企业的数字化主要体现在业务的规范化和流程的标准化，员工遵循的是同样的规则。

在数智化时代，不仅用户的需求更加个性化，员工的诉求也随着数智化的支持，变得更加个性化和多元化。对企业来讲，数字化只是一个基本要求，标准化流程和服务是基础，在这个基础上，还要求企业根据不同员工的不同职能，设计个性化的服务场景，或者通过大数据提炼个体员工的差异性，然后根据个体意愿和个性化需求，提供更有针对性的精准服务。

5.企业从系统自动化转向平台智能化

无论是在数字化时代还是在数智化时代，提升效率都是企业的共同追求。在数字化时代，要实现效率的提升，主要依靠系统的自动化处理。比如审批业务可以根据预置条件自动流转，合同到期系统可自动发起续签审批，员工根据人才盘点结果自动发起业务工单等。

在数智化时代，要求升级了。企业可以借助人工智能技术，让平台可以像人类一样去思考，从而帮助企业作出决策。换句话说，数智化时代的企业平台是有自主决策能力的。如果说数字时代解放的是人类的双手，那么数智化时代解放的就是人类的大脑。比如当企业建立组织或员工的行为分析模型后，平台可自动抓取相关数据，并能够随着数据量的逐步增加而进行动态更新和调整，为管理者制定组织或者员工的管理策略提供实时的数据和决策支持。

6.企业组织从封闭式转向生态化和开放化

在数字化时代，企业的组织管理模式主要以封闭式为主，组织内部和外部的界限分明，数字系统主要解决的是组织内部的业务问题。

在数智化时代，每个企业都是数据的贡献者，同时也是数据的受益方。一个成功的企业，一定是能通过数字建立起自己的产品和服务体系的。因为整个企业的生态是开放的，这就使得企业组织的内部和外部的界限没有那么明显。企业在这个过程中要想实现平台化，就必须建立自己的生态。同样，企业要想构建自己的生态，又必须有平台的支持。二者互为支撑，就像孪生兄弟。

所以，数智化时代的企业生态必然是开放式的，它是数字资源的整合者，是上下游产业链的集大成者。通过平台提供服务的对象，不再只是员工、客户和供应商，而是面向全社会，并通过大数据分析精准定位产品和服务的目标群体。

同时，企业内部的组织管理也变得更加柔性。企业可以通过大数据对员工画像进行分析，并在此基础上，实现对员工的动态匹配，从而打破传统的层级制度和职能墙。这种基于优势与劣势的员工的动态组合，相比传统的组织更加合理也更加科学，将大幅度降低组织的沟通成本。

7. 企业和员工从契约关系转为合伙关系

一直以来，企业和员工之间的关系以契约为主，彼此之间是雇用与被雇用的关系，相互之间遵守契约是企业和员工之间最起码的信任。

到了数智化时代，这种雇用机制很可能会发生重大改变。以往的契约关系将会逐渐让位于合伙人关系。在企业平台化的前提下，领导者和员工之间很有可能发展出合伙人的关系，从而形成一种竞合机制。

竞合机制在企业的组织内部主要表现为类似于众包或者分包市场，有任务分配，每一位员工可以自由领取任务。竞合机制在组织外部主要表现为通过平台向全社会发布任务，那些有意愿并且有能力的组织或者个人可以通过平台申请这个任务。

竞合机制更加灵活，并且以知识为载体。组织或者个人通过出售自己的知识，提供针对性的服务而获得相应的报酬。组织或者个人可以服务于一家企业，也可以同时服务于其他企业，他们和企业的关系是合伙人的关系，而不是固定的契约关系。

总之，工业时代的企业和数字时代的企业在组织模式和管理理念方面存在诸多不同，后者是前者逐渐进化而形成的。

具体来讲，工业时代的企业以"产品服务"为中心，在组织生产和营销时，从供给者的角度出发，更关注自身的产品品质和服务内容。因为企业追求的目标相对单一，管理者更好把控，所以企业在战略层面的规划相对比较稳定，具有很强的可预见性。

而数字化时代的企业，关注焦点已经转移到"客户"上，也就是消费者这边，所以企业的战略决策需要紧跟消费者的需求。由于消费者的需求更新频次越来越快，追求个性化的需求也越来越多，这就迫使企业不断追求创新和变革，在发展中不断地动态调整企业战略。

因为关注的重心不同，所以二者在组织和管理模式上发生了质的变革。工业时代的企业，采用垂直、固化的标准化管理流程，实行对员工自上而下的管控，企业领导者的决策通常以个人经验为依据制定。这个时代的企业高层具有绝对的权威，为企业制定清晰的战略规划和详细分解的KPI指标。从组织架构上来讲，形成一种自上而下的金字塔结构，是一种垂直封闭式的架构，确保企业任务能够上传下达。

而数字化时代的企业，其战略决策是根据消费者的需求变化，利用数据进行决策，是一个不断创新和呈现动态变化的过程。在这个过程中，企业的领导者不再是制定决策的人，而更多的是组织相应的团队，在目标一致的前提下共同协作。团队成员都有机会发挥自己的才智，为决策出力。这种管理架构更趋向于扁平化，为每一位成员赋能，其决策过程是一种动态的自组织过程。

所以，在这两种组织架构下，企业所需要的人才也相应发生了变化。工业时代的企业需要的，要么是在某一专业领域特别深钻的人才，要么是全能型人才。而数字化时代的企业更需要一专多能的复合型人才。

第三节　明确自身数智转型短板

数智化的发展之路并非坦途。尽管我们国家相关的数智技术在飞速发展，为企业和组织的未来发展提供了巨大的机遇，但是受到数智化意识、组织能力、人才瓶颈等条件的制约，企业面对的挑战同样不容忽视。

1.数智化转型加速，带来巨大发展机遇

在以数字化和数智化为代表的信息技术的推动下，科技创新势如破竹，成为推动我国经济发展的重要动力，并且为数智化转型带来了巨大的发展机遇：

一方面企业的数智化转型是当前不可逆转的趋势，所以人工智能、大数据、物联网、区块链等新兴技术将对传统企业发挥引领作用。传统企业在数智化的推动下，将实现业务转型、企业规模扩大和产业质量提高。

比如，在数智化转型方面处在领先地位的汽车和消费电子行业，在企业的营收增长率和销售利润率方面都比其他企业具有领先优势。同时，企业随着数智化能力的提高，会不断提升企业的运营水平和创新能力。

数智化最大的特点就是为企业提供了一个创新的平台。企业以前想做而不敢做也不能做的事情，如今都可以通过数智化来实现。

另一方面从产业角度来讲，如果产业能够得到数智化的支持，那就意味着产业链从原料供应商开始，格局会发生变化。比如，加工商的分工会更加细化；在销售端，品牌会进一步分层；到了渠道端，会更加扁平化。这就意味着一个产品从生产出来到最终到达消费者手里的过程，会更加有效率。最终实现的是万物互联的智能化时代。举个例子，连家庭使用的冰箱，总会有一天知道主人的饮食习惯，从而提醒主人到什么日期应该购买什么东西了。这样的冰箱可能还会和购物平台的数据互联，直接在平台下单。

这就意味着人工智能的发展将在数智化过程中扮演非常重要的角色。未来，人工智能将重新划分人与机器的分工，将智能化的决策切入非常精细的程度，从而帮助产业提升效率。在企业组织的执行层、管理层和决策层，都可以通过人工智能的辅助，提升每一层组织的颗粒性、准确性和一致性；颗粒性意味着个性化，准确性意味着精细化，一致性则意味着智能化。

最后，数智化转型也将给相关辅助行业带来巨大的发展机遇。比如软件行业，作为各种企业管理和工作的入口，不仅每天流动和产生关键业务的运营数据，而且全员的应用特征还将形成员工、团队、组织以及产业链之间相互协作的行为大数据。这些协同管理软件，就成为企业数智化转型中非常重要的辅助工具。

再比如我国的半导体新材料产业，亟须建立技术创新体系和完善产业创新生态。第三代半导体材料和芯片是半导体产业的重要分支，也是"新基建"战略提出的5G基建、特高压、城际高速铁路和城市轨道交通、新能源汽车充电桩、大数据中心、人工智能、工业互联网七大领域的"核芯"支撑，满足绿色发展、智能制造等国家重大战略需求，对新兴产业的带动面广、拉动性强。国产第三代半导体材料和器件未来有机会实现规模化应用，进入主流应用领域产业链，成为我国在半导体领域的一个"撒手锏"。

2.数智化转型困难重重，明确自身短板尤为关键

不容乐观的是，以数智化推动企业转型升级，尚面临一系列不可忽视的困难和问题。

（1）传统产业以及传统企业的数字基础设施非常薄弱。很多企业的产品和技术大多处于产业链的中低端，这加大了数智技术和传统产业融合的难度。特别是对一些中小企业来说，因为受到人员、资金和资源等条件的限制，本身数字化水平较低，就更不要谈数智化了。在缺少良好的信息网络基础设施的情况下，很难在短期内实现数智化改造升级。

（2）我国制造业占据经济发展重要位置。我国虽然是制造业大国，却面临着大而不强的局面。原本低成本是我国制造业的相对优势，但是，随着能源使用成本、土地成本、融资成本的提升，我国的制造业综合成本已经和美国基本相当。但我国的产能过剩问题特别严重，整体生产效率偏低。再加上我国大部分制造业处于产业链低端，产品附加值不高，受全球新冠病毒感染和国际局势的影响，供应链的稳定性不强。更为致命的是，国内制造业的发展对资源依赖度高，呈粗放型成长，普遍对环境破坏大，导致受环境能源要素的制约会越来越严重。

数智化的主要目标是通过数智技术创新和应用来提升国家制造业的竞争实力，抵销逐渐上涨的人力成本，将制造业留在本国的同时，保持自身制造业优势。这二者是相辅相成的。如果我们不能留住制造业的优势，数智化就失去了意义。

（3）我国数智化的相关人才供给不足，导致传统产业升级困难，产业链竞争力不强。我国的传统企业之所以存在产能过剩，技术水平不高，粗放式发展以及创新能力不高的问题，原因之一就是人才供给不足。在传统产业，需要大批科技人才，才能辅助其完成转型期所需的技术输出，更需要人才进行数智化升级后的管理和维护，但是中国整体上还缺乏这样的人才。这是传统企业向数智化转型的最大难点，也是传统产业向全球价值链高端延伸的主要障碍之一。这种问题的存在，不仅削减企业的竞争力，还影响企业产业链的稳定性。

（4）数智化使一些先行企业在企业规模、品牌份额、竞争法则、产业边界等方面，都发生了剧烈变化，撼动了旧的商业格局，形成三种新类型企业，它们给尚未数智化的企业带来了更大冲击。

第一种是基于互联网平台和数字基础设施，在各个层次上展开大规模创新并快速崛起的企业，比如百雀羚、完美日记等品牌，都是凭借在产品定位、全域营销、品牌文化和服务体验上的创新玩法，引领了所属行业的变革趋势。这些企业的崛起，给传统大企业带来了冲击，导致这些传统企业的销售份额正在受到挤压。

第二种是积极拥抱数智化升级，通过技术创新和模式发展起来的企业，给传统企业带来越来越大的变革压力，比如特斯拉和无人机领域的大疆等企业，它们重新定义了所在行业的产品形态、使用方式和商业模式。

第三种是一些老字号企业，成为积极拥抱数智化变革的新势力，引领了所在产业的变革方向。比如，国产品牌恒源祥、回力、九芝堂等，其业绩增速超过了同行水平。

这三种企业都崇尚数智化，都在技术上借助了云和数据中台等手段，在市场营销方面又主打年轻消费人群。因为这三种企业依托数智化，在产品设计和供应链方面都能够实现快速反应，面对消费者，能够实现多端跨场景的全域会员运营和全域洞察，这都是传统企业不具备的优势。

在向数智化转型的道路上，那些行动缓慢的企业，包括一些大品牌的企业，正在感受来自周围的不可预测的风险。过去的成功者会陷入看不见、看不起、看不懂、学不会、跟不上的困境中，不能自拔。

因此，为了能够减少企业向数智化转型中的试错成本，作为管理者，更应该深入理解数智化的概念，明确企业自身的优势和转型短板，切实将数智化的思维、方法、理念扎根到发展意识中去，尽早付诸实践，实现转型。

第四节　数智化转型的六大关键要素

数智化带来的机遇不言而喻，各大企业纷纷摩拳擦掌，想要通过数智化提升企业管理效率和增加营业收入等。但是，在数智化转型之前，企业必须具备以下六大关键要素：

1.战略

在全球范围内，能够借助数字平台，最终建设整个数智化生态系统的公司并不多，原因是大多数传统企业只是在既定业务的边缘试探，而没有一套清晰的数智化战略。

要想数智化转型成功，企业要走的第一步就是需要企业的决策层制定一个明确而连贯的数智化战略,并将数智化战略整合到企业战略中去。如果整合不完整,后续措施就会出现问题。

对于多数企业来讲,制定正确的数智化战略,是一个很大的挑战。制定正确的数智化战略的难点,就是只有小部分有着高曝光率的龙头企业才能博得社会的关注,才能得到普遍走高的市场估值,比如那些具有市场颠覆性的企业。

在制定正确的数智化战略之前,企业要回答三个关键问题:一是最值得关注的数字机遇和威胁在哪里?二是数智化颠覆可能发生的速度有多快,规模有多大?三是怎样才能抓住这些机会,更好地配置资源以规避风险?

然后,企业要有针对性地采取相应的战略措施来解决这三个问题。比如,先以小规模转型自身的业务模式,以便进入新市场或者重新定义现有市场,进行试水;或者紧跟潮流,抓住整个行业发展带来的机遇;或者是积极主动地重新配置企业资产,把企业从受到数智化威胁的领域转向受益于数智化的领域。最实用的战略就是通过数字途径和工具,提高现有业务的模式和效率。

这就要求企业将眼光放长远,不要过分追求短期业绩,要有一定的风险承担能力,将数智化战略融进企业核心,从而形成内部协作。而且,要把数智化战略和投资决策放在同一个高度,协同考虑。

2.组织

企业实现数智化转型升级离不开正确的组织。这个组织是一个闭环,不仅包含组织架构的设置和调整,还需要匹配组织构成的基本单位——"岗位",推进组织有效发挥智能的抓手——"绩效",支撑组织长久运作的动能——"职业发展",驱动组织真正变革升级的内核——"企业文化",以及为体系顺畅运作与效能提升加持的助力——"技术"。在这一系统中,既要打造"硬装备",又要具备"软实力",做到"外练于形,内修于心",真正实现"内外兼修"。

企业数智化组织转型升级成功的关键,是要依靠以下五个要素的支撑:高管的充分沟通与共识、与业务运营模式的紧密贴合、专业领域的体系化理解、数智化人力资源的先行驱动、变革管理的贯穿始终。

在这一过程中,企业组织的数智化转型升级也不是一蹴而就的,需要持续迭代。唯有企业内部经营管理理念与思路、企业文化与组织氛围逐步向数智化转变,才能为企业长久、持续发展提供源源不断的"内驱力"。

3. 业务

这里提到的业务主要是强调,企业在数智化过程中一定要和业务发生紧密关联,数智技术的应用一定要体现业务场景价值,要让业绩发生变化,否则,数智化就没有意义。

比如,企业在日常管理中使用CRM、ERP等信息系统实现了数据采集,但这只是企业数据应用中的一环,与充分利用数据来改善管理、降本增效、实现创收的目标还有很大距离。

这就要求企业要考虑到数智化转型带给客户的新体验,企业随之要重构客户画像,再以数字的方式转变企业运营流程甚至商业模式。也就是说,数智化引领业务模式的转变,带来的是客户体验的明显转变。但相应地,也要求企业要顺势做好各个流程替换的准备,让数智化运营和前端的业务相匹配,这时候对商业模式的创新就尤为重要。

4. 技术

毋庸置疑,大数据分析、数字内容管理和搜索引擎优化等技术是企业数智化转型中最为引人注目的要素，也是数智化企业的"硬通货"，没有数智技术，数智化就是纸上谈兵。在数智化战略指导下，企业可以根据数智化转型的目标，评估当前的技术堆栈，以发现工具所需功能或者数据缺口，提早通过技术来填补。

所以，做好技术规划，也是数智化转型的关键一环。通过技术评估，分析企业正常运转流程，从而分析出可实现数智化转型涵盖的范围，包括如何由数据驱动的决策、如何提高转型活动的投资回报率、如何提高生产力、开发更具竞争力的产品和服务、如何追求更高的客户满意度以及增加收入等。这些都需要一系列技术的支撑。

5. 管理

对于企业来讲，管理代表企业的发展风向。优秀的管理者是企业的掌舵人，能够带领企业驶向光明的未来。企业是否需要数智化转型？企业的数智化转型能否成功？这都需要管理者具有真知灼见和领导才能。

数智化是对企业业务和企业文化的深层次打破，因此，管理者本身也需要了解一定的数字技术，其管理团队一定要精通数智技术，这样才能确保企业正确使用数字化平台和数智化工具，再结合企业自身情况，将企业带入正确的数智化转型轨道上来。

更为重要的是，企业高管不一定会成为专业的技术人才，甚至在不具备数智化领导力的情况下，要始终如一地贯彻数智化愿景，就尤为难能可贵。数智化高管要意识到用数字的方式改造企业，从而改善其运营、收入、客户体验和竞争地位的重要性。

6. 人才

数智化不是一句口号，其落地的第一步，就是人才队伍建设。完整的数智化体系不仅需要掌握数智化战略的高层领导人才，也需要技术稳熟、精通数字应用和算法等领域的中层及基层人才。

从高层人才方面考虑，很多企业在数智化过程中，可能会更换好几位CTO（首席技术官）。每一位CTO对数智化转型都有不同的见解，因此他们对企业的数智化转型方案都有不同的执行侧重点。

更换CTO的结果就是，企业的数智化进程在某个环节打转，没有进展。这时就需要CDO（首席开发官）来补位，主要负责推进企业的数智化转型执行工作。该职位要求既能理解上层的数智化转型方案，又深谙技术原理和业务逻辑，可以有效推动工作细节，实现数据赋能业务。

从中层人才方面考虑，中层需要解决将数据转变为数智化产品并赋能业务的问题。在这个过程中，需要中层人才推动每个业务场景下的转型任务，使技术部门与业务部门完美配合。

最后从基层人才方面考虑，企业需要有一支多兵种配合作战的队伍。不同性格、工作习惯、职业技能、专长方面的人可以根据项目需要协同工作，提高工作效率。

总之，数智化转型是一场思维与认知的革命，那些无法作出快速响应、及时有效变革的企业，终将失去竞争优势。在传统企业的认知中，通过引入数字化技术、建立数字化小组就可以完成数字化转型。但真正的数智化转型是包含业务战略、组织升级、技术升级等叠加的复杂工程。真正的数智化组织，需要基于现有的数字化工具，构建新的包含管理机制、人员能力、企业文化、技术支撑的整合、全面的组织体系，以便有效支撑企业实施数智化转型战略。组织、管理、人才机制，这些看不见摸不着的软性竞争力，往往是企业实现数智化转型的关键。

第四章
构建转型顶层设计，
制定数智转型战略

　　数智化转型是一个系统工程，首先需要企业做好顶层设计，制定数智化转型战略；其次需要企业具备统一的大局观念，这样才能从整个价值链角度进行系统优化，从而实现带动上下游一起发展。

第一节　什么是数智化转型

数智化转型是基于新一代数字与智能技术，将网络协同、数据智能、资源链接、流程重组、组织赋能、交易处理、决策执行等经营环节融入数字化经济，推进企业在技术、业务、运营、管理等方面的变革，达到降本增效、收入增长、风险控制等目的，最终实现企业发展的转型升级。

对于企业来讲，单纯的信息化升级并不代表数智化转型，单纯增加电商渠道也不能叫数智化转型。真正的数智化转型是以客户为核心，通过数字技术与业务、运营、管理等环节的深度结合，实现数据流的加速传递、价值的深挖和创造，迭代循环，重构新的价值链条和数字生态。

真正的数智化转型是一个从业务数据化到数据业务化的转型，再从数据业务化发展到让一切业务都用数据说话的迭变过程。在这个过程中，企业要经历数字化互动、数字化营销等的前台建设，以及数字化运营、数据驱动业务和决策等中台建设，最后再经历数字化供应链、数字化人才培养和管理等后台建设。最终打破传统的企业、渠道和角色边界，建立新的"以顾客为导向"的协作关系。

所以，数智化转型的本质是借助"数据＋算法"，通过智能数据服务的流动，将传统复杂的系统简化优化，化解系统的不确定性，从而优化资源配置，构建起企业的新型竞争优势。

因此，企业领导者的思维，要在数智化转型过程中发生深刻转变。以往对于企业发展的静态、机械化思维，都将被生态思维和系统思维代替。一家企业之所以具备核心竞争优势，其本质就是因为其具有资源配置效率的竞争优势。因此企业进行数智化转型，在很大意义上是减少复杂系统的不确定性，从而提高资源配置效率。

第二节　数智化转型的顶层设计

数智化转型是一个系统工程，一部分企业若是想要通过模仿其他企业的经验进行转型，却缺乏科学、系统的规划，结果将导致企业偏离初衷，既没有达到数智化的基本要求，也没有达到提高效率的目的。

一些企业转型失败的原因就在于没有做好顶层设计，不同的部门各自为战，没有统一的大局观念，转型过程中缺乏逻辑与协调机制，从而形成数据孤岛，相应的设备和系统连通性差，虽然投资不少，但是收效甚微。

顶层设计，不仅要求相应的咨询机构或者人员要非常了解传统行业，且具备数智化的素养，还要求他们能从整个价值链角度来进行系统优化，有效平衡短期和长期目标及规划，带动上下游一起发展。

1. 将数智化转型的规划与企业的战略落地密切结合

一般来讲，企业的数智化转型规划的顶层设计框架包含八个方面的内容：一是企业愿景及战略目标；二是业务场景，包括客户、合作伙伴、供应商、员工、消费者等业务场景；三是服务化应用架构，比如产、供、销、研、服、财、办公等应用拼装微服务；四是数据架构，比如将多套应用系统汇聚到统一的数据底座、数据中台等；五是云化的IT平台，包括硬件、开发平台、私有云、混合云部署等；六是数据安全；七是数智化运营；八是数智化组织及能力。

这八个方面就像一个系统的八大组件，它们相辅相成，共同搭建起一个完整的数智化转型规划的顶层设计框架。在进行数智化转型规划时，数智化战略是规划的起点，而规划要在战略的总体引导下有目标、有步骤地逐级展开，二者密不可分。

有的企业在转型时很容易出现盲目而无序的状态，重复进行IT建设，既浪费资金又耗费人力。为避免这一现象出现，企业要在转型规划初期就将公司的整体战略构想和战略意图进行有效解码，分解到业务单元及部门各层级直至个人，构建企业的业务能力框架图，展现各个业务线在规划、控制、执行三个层面上的能力架构，进行业务流程梳理，再辅以系统工具支撑，并不断检查战略的执行情况与能力的发展状况，这样才能有序而稳健地达成最终目标。

为此，企业可以运用顶层设计常常使用的工具"战略领导力模型"，将企业的战略构想和战略意图，分解到企业的各个业务和各个层级，将每个大目标分解成若干小目标，包括各个业务目标、各个日常工作目标等，然后分块、分时间段地逐级完成。

在这个过程中，要求企业将战略目标和各个业务单元的目标有机结合起来，实现思维方式的转变。这就需要企业用到另一个工具"业务能力框架图"，把企业的各个业务线在规划、控制、执行三个层面的能力架构描述出来，根据这个能力架构来看企业内部的流程梳理和系统工具支撑，从而检查企业在各个阶段的各种能力发展状况，明确哪些层面要提升改进，确保企业发展呈螺旋上升。

2.数智化转型规划四步走

第一步，明确企业发展愿景及战略发展目标。首先，要针对企业的发展现状，做一个问题诊断和企业需求分析，在对整体行业评估的基础上，对企业进行行业对标和成熟度分析。其次，要对企业的业务进行调研，包括对企业的生产、供应、营销、人力和财务等方面，切实掌握企业当下的信息化现状。总之，就是将企业的战略进行分解和详细解读。

第二步，设计出整体的规划蓝图。在这个阶段，企业要根据自身的业务架构、数据架构、应用架构和技术架构，构建起数智化转型规划的整体蓝图，以便指导下一步的行动和实施方案。

第三步，规划企业数智化转型的实施路径，包括实施节奏、实施目标、计划、投资等。将每一个大目标分解成可以按照月、周甚至天来计划和实施的小目标，再把每一个小目标落实在相应的人员、资本或者资源上，一步一步向大目标迈进。

第四步，决定速赢项目并快速实施落地。在企业将大目标分解的过程中，可以从若干小目标中筛选出一些好实现的阶段性目标，即有可能速赢的项目，然后尽快将其实施落地，取得成果，为后续目标的实施树立信心。当然，需要注意筛选比较急迫的项目进行，形成良性发展。

3.顶层设计的三大原则

（1）要注意遵循"快速试错、小步快跑"的原则。作为转型期的企业,既不能因循守旧,按照以往的经验来改变,也不能莽撞行事,一上来就大张旗鼓,结果选错了方向,导致一错再错。

还有一种很忌讳的情况就是谋划了很久却一直没有行动,结果等到真正行动时,市场已经发生变化,原先制定的目标和规划都不再适用,一切又得从零开始。

所以,企业要快速行动,但是步伐可以迈小一点,即用最小的试错成本,检验出可行的实施方法。通过"小步快跑",企业可以迅速发现在数智化转型过程中发生的问题,及时找到解决办法。因为很多隐藏的问题,如果不做尝试,是很难发现的。同时,"小步快跑"可以帮助企业在转型过程中及时做出调整。一条路不成功,就选另一条路,这样可以为企业节省时间成本、人力成本、资源成本,从而让企业快速实现预期的战略目标。

(2)以客户为中心。这是老生常谈的话题,也是数智化转型的核心问题。传统企业的经营运作都是围绕商品展开,其推广逻辑就是以企业为中心向消费者推销产品。今天的企业,无论数智化与否,都应该以客户或者以消费者为中心。其本质是回归到人本身,立足开放共享,从关注流量、关注交易量,到关注客户,关注消费者,关注每一个具体的人,关注全社会的效益,关注共赢。

参与数智化转型的企业,要有能力全面记录、分析、长期持续地运营自己的用户或者消费者,并且按照"A(认知)—I(兴趣)—P(首购)—L(复购)"的步骤展开分析,利用分析结果驱动运营,从而指导员工的行动。

注意，这里所讲的用户或者消费者不仅仅指C端的消费者或者B端的用户，还包括平台上的渠道方、资源方、合作方，以及各种专家资源等，要注意把握这些核心的用户资源。

（3）建立完善的运营体系，提高运营效率。数智化是一个生态，是一个平台，在这个生态系统内，在这个平台上，既有用户，也有合作伙伴，还有企业资源。如何让这个生态系统活跃起来，让平台的资源发挥应有的作用，需要一套非常精细化的运营手段，这不是通过流程或者利用工具可以解决的问题。

因此，企业在数智化转型过程中，一定要同步搞好运营体系的建设，这就涉及企业内部的战略、产品、技术、营销等方面，需要决策层牵头来建设运营体系，这些工作都要在顶层设计时做好。

第三节　数智化转型路径七步走

数智化转型是顺应新一轮科技革命和产业变革趋势，深化应用云计算、大数据、物联网、人工智能、区块链等新一代信息技术，激发数据要素创新驱动潜能，打造提升信息时代生存和发展能力，加速业务优化升级和创新转型，改造提升传统动能，培育发展新动能，创造、获取并传递新价值，实现转型升级和创新发展的过程。数字化转型也是从企业商业模式、运营流程和组织管理等方面所进行的一场全方位的数字变革。

我们要清晰地认识到：数智化转型是信息技术引起的系统性变革，它的根本任务是价值体系的重构，核心路径是价值能力的建设，而这一过程的关键驱动要素就是数据。

总体来讲，数智化转型大概分为七个步骤：数智化洞察、数智战略规划、数智能力构建、数字技术应用、业技融合创新、组织管理优化、数智组织内外赋能，如图4-1所示。

但是企业在实践过程中，往往面临不敢转、不会转也转不好的问题，从而对数智化转型敬而远之。因为数智化转型不是简单的数字基础设施的建设或者软硬件的部署，而是一个系统工程。

通常，企业在转型早期，特别是入门期，会对要不要转型极度纠结。之所以会犹豫，主要是基于以下几点考虑：一是数智化转型毕竟是一场变革，而且失败的概率很高；二是数智化转型需要投入大量的人力、物力和财力，企业要考虑投入和产出能否成正比；三是数智化转型还要面临来自各方力量的阻碍，特别是人的阻碍，总会有人觉得现阶段的状态还好，不需要转。这三个方面的原因导致很多企业不敢转型。

即便是敢转型，企业接下来还会面临不会转的问题。因为数智化转型对于企业来讲是一个新生事物，虽然有些标杆企业转型已经初见成效，但是千企千面，每个企业都有自身不同的特点和面临的困难，所以即便有转型的通用路径可以借鉴，依然存在不少变数，每一家企业都要重新学习新知识和新技术，掌握新能力。在这一背景下，不少企业都不清楚转型的路径是什么，既然没有掌握相关能力，就存在不会转的问题。

第四章 构建转型顶层设计，制定数智转型战略

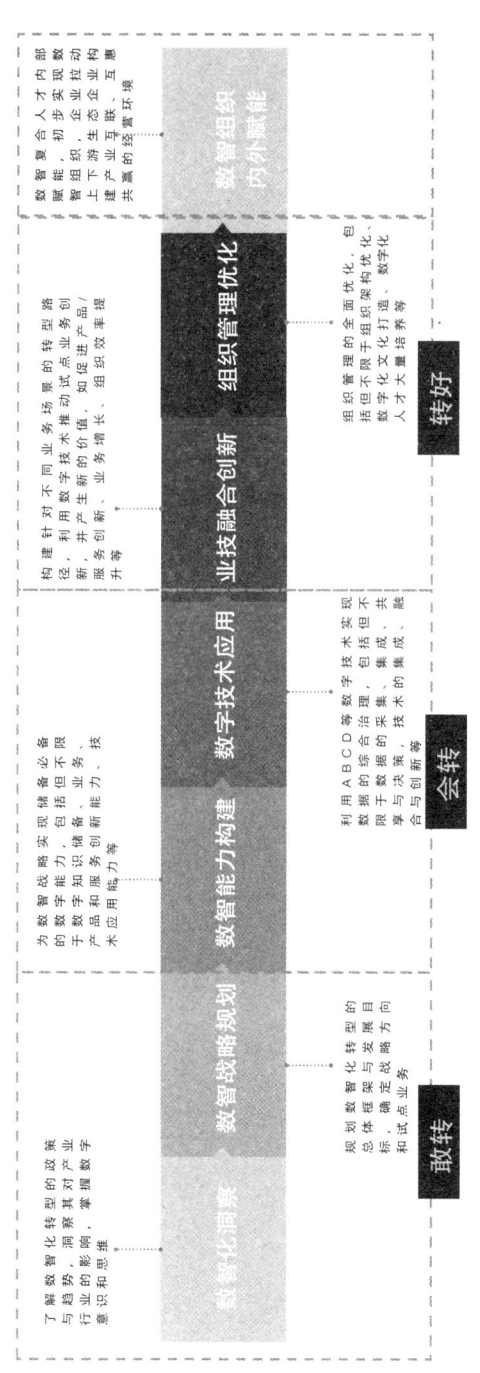

图4-1 数智化转型的七个步骤

在已经开始转型的企业中,还存在转不好的情况。虽然企业认为数智化转型很重要,也做了很多工作,但是很多动作不具备系统性,是零散的。很多企业领导者的意识层面,对数智化转型的认识可能还停留在只是建立一些数据库或者系统上面。在这种情况下很难转型成功。之所以出现这种情况,一是因为认知不够,二是能力不够,三是没有坚持到底,四是人才短缺。实现数智化转型,人才是非常关键的因素,需要重新培养和管理,而且数字化能力也要重新构建。这些都对企业提出了更高的要求。

怎么样才使企业敢转、会转还要转好呢?其实一个通用的路径可供企业选择和借鉴,即数智化转型的关键路径不仅是"一把手"工程,还是"一体化"工程。

首先,企业要了解数字化的政策和趋势,洞察数字化对产业、行业的影响,掌握数字意识和数字思维,这些都是对企业领导者和决策层的基本要求。其次,在发展战略上,要规划数智化转型的整体框架与发展目标,确定企业的战略方向和试点业务。数智化洞察和数智战略规划,是解决企业敢不敢转型的第一步。

当企业明确了转型方向,开始试点业务时,可能会面临新的问题,比如数字能力没有办法满足企业新业务的发展方向。这时候,企业需要考虑的是提升企业的数字能力构建。为数智战略实现储备必备的数字能力,主要包括但不限于数字知识储备,业务、产品和服务创新能力,技术应用能力,等等。

企业转型的核心条件主要体现在三个维度:一是洞察规划的顶层设计能力;二是数智化转型的通用能力,包括创新商业模式、优化管理、产品和服务的创新能力等；三是技术应用能力，包括人工智能、大数据、云计算、区块链、增强现实等，要考虑怎么去应用这些技术。拥有这些能力的企业才算具备了"会转型"的条件。

解决了"敢转"和"会转"的问题，接下来要解决"转好"的问题。最关键的因素就是两个字：实践。实践就是将数字技术跟原有的业务融合，构建针对不同业务场景的转型路径，利用数字技术推动试点业务创新，并产生新的价值，如促进产品、服务创新、业务增长、组织效率提升等。

当有了试点项目，同时进行了业务和技术的融合创新，并且取得了一定的成果，这时候企业领导者就要考虑进行组织管理的全面优化，包括但不限于组织架构优化、数智化文化打造、数智化人才大量培养等。

比如组织架构的优化、人力资源的优化、财务的优化等，这些都需要数智文化的打造和对数智化生态的大力培养。这是系统性阶段，需要考虑组织管理各个方面的优化，无论是从人力资源数智化开始，还是从财务数智化开始，人才的培养都需要彻底贯彻在每一个过程当中。

当组织达到了一定的成熟度，全面进行数智化之后，就要考虑数智组织的内外部赋能问题。比如集团总部做好优化之后，如何对二、三级子公司进行集团内部的赋能。同时，解决企业的上下游之间、供应链的生态伙伴之间，如何构建一个互联互赢的经营环境，利用赋能的动作，拉动更多企业形成数智化生态的问题。

综上所述，企业首先要有数智化洞察和数智战略规划的认知，做到"敢转型"。其次要具备数字能力构建和数字技术应用的基本条件，才能做到"会转型"。最后要做到企业融合技术创新和组织管理的优化，才能做到"转好型"。只有以上条件都具备了，企业才有可能进行数智组织内外部的赋能，拉动产业和上下游企业共同进步。这就是数智化转型的关键路径。

第四节　被忽视的数智化转型三大要素

中国企业对数智化转型的探索已经经历了很长一段时间，也有不少企业走上了数智化转型之路，但是，这条路并非坦途，还存在很多不尽如人意的地方。有企业认为，在数智化转型过程中虽然业务和技术都非常重要，但还有三个容易被忽视的要素，即数据意识、数智能力和数智复合人才，如果这三个要素未被很好地重视，数智化转型往往就会成为进行时，而不是完成时。

1. 未形成正确的数据认知和管理意识

数智化转型不是简单的数字基础设施和软硬件的部署，它是一个系统工程，而绝大多数企业又处于转型早期，企业决策者尤其是传统企业决策者往往缺乏数字意识，使得转型缺乏方向和系统规划，因而不敢转。

（1）整个社会对数据的认知落后于技术的发展。在我们整个社会进入数智化转型期后，数据是非常重要的社会资源。所以，一方面，政府要加强对数据资源的管理、监控和分配，采取相应的管控措施，颁布相关的法律法规。另一方面，公众也应当注意保护数据隐私，加强防范意识，对"黑灰产"、电信诈骗、电话骚扰等做到辨别真假。在这个前提下，数据资源的使用和配置才是安全并有效率可言的。

（2）企业管理层虽然重视数据的价值，认识到数智化的重要性，但是他们对数据的认知还仅仅停留在数据的收集、管理和存储方面，对于如何利用好数据资源，还没有完整的认识和可执行的方案。

领导者对数据认知的滞后，自然会导致在数智化转型阶段没有清晰的方向，没有明确的战略，相应地，对数据平台和数智技术的投入，都会出现不足的现象。

（3）企业缺乏统一的大局观念，而是更依赖一些数据智能厂商提供的产品来实现部分业务的数智化。但是，部门和部门之间存在信息孤岛，无法形成协同发展，导致数据的利用效率不高或者达不到预期。这样自然会动摇企业领导者对数智化转型的信心。

（4）企业员工更没有使用数据的意识。在数智化时代，数据就是一个非常重要的智能工具。但是多数员工在平常的工作中，很难意识到数据的价值，也很少主动去学习和掌握新的智能工具。在这种情况下，就很难推进数智化的展开，企业即使增加数智化方面的投入，也无法产生效果。

2. 企业还不具备数智化转型的能力

企业不仅要快速学习和掌握新技术，还需要将新技术融会贯通，形成组合优势，并且在业务变革上找准结合点，使之运用和改变现有业务，这对企业驾驭和整合新技术是极大挑战，很多企业不会转。

在企业内部，不同系统之间大部分是割裂的，不同业务系统的数据不能够打通。这就使得企业的领导层无法从全局统一认知，而不同部门之间也不能够很好地达成协作。对于数据的处理能力，无论是领导层还是员工层，都存在很大的缺口。

同时，企业对异构数据的处理能力严重不足。目前很多企业对数据的处理能力还很有限，能给予有效处理的，主要是数据库中的结构化数据。对于更大量的非结构化数据，就像宇宙中的暗物质和暗能量一样，占比更大，却超出了企业的认知和处理范围。

比较典型的结构化数据包括图像、视频、语音。其中图像和视频的数据量最大，它们只是存放在数据库中，还不能理解这些数据的含义。遍布城市的安防摄像头，每天会拍摄大量视频，但要理解这些视频里都发生了什么，需要强大的视频分析技术，并且要耗费大量的算力。可以说，目前绝大多数视频、图像数据，都只是安静地躺在数据库里，并没有真正被利用起来。

3. 缺乏数智化转型的相关人才是企业的短板

对于企业来讲，转型的进程将迫使企业走出舒适区，去探索未知的领域。在这种情况下，新旧两种文化观念将长期存在冲突，企业缺少将新技术与业务结合的跨领域人才，面临有可能转不成的困境。

当企业向数智化转型迈出第一步时，所面临的关键障碍不是来自技术或市场的变化，而是没有足够的数智化人才可以支撑企业未来战略发展的需要。

根据德勤与麻省理工学院合作的数字化变革研究发现，在接受访谈的1000多位CEO（企业组织规模各异，遍及131个国家、地区与27个产业)中,有近90%的高阶主管认为自己的企业正遭受数字商业模式的破坏或重新改造,有近70%的人认为,自己没有可以应对变局的适当技能、领导人或营运架构。①

数字人才的短缺是企业数智化转型过程中面临的一大短板。在数智时代,企业对人才提出了更高的要求。那些掌握了信息技术的专业人才,在数智化面前,也显得力不从心。如今,企业需要的是能够横跨多领域、学习能力更强、又懂得数字化交付的复合型人才。既懂数智技术,又懂业务的"桥梁型"人才极度紧缺。

另外,对多数企业来讲,这种复合型人才的薪酬待遇较高,企业很难负担这么高昂的成本,那些本身实力较弱、利润微薄的传统企业,很可能在人才这个关口上失掉先机,在同资金雄厚的互联网、高科技企业的人才竞争中败下阵来。

最后,即便是企业开始重视数智化人才的培养,要想短期内让人才适应既定目标,也是很难实现的。因为培养人才的理念、工具、手段、方法和途径,必须是数智化的。企业可能需要和学校、学院、培训机构等教育资源合作,打造教育新生态,学校等机构才能输出高素质、复合型、应用型商业数智化人才。

---

① 参见《如何培养精益和数字化人才?》,搜狐网,2019年7月31日。

第五节　数智化转型的能力构建

数智化转型是一项需要动员全员进行组织变革的系统工程，需要战略、组织和技术三大领域共同驱动、齐头并进。但是企业的领导者并不一定意识到了这一点，可能只是单纯依赖技术来打造企业的核心竞争力，却没有转到为客户创造价值的角度，这就使企业很难在数智化浪潮中长期生存。因此，企业必须从三个方面构建数智化能力。

1. 用技术赋能企业运营

在企业数智化转型过程中，很多企业领导者面临的一个问题就是技术的快速发展带来的焦虑感。大家都希望通过技术的改进来为企业的运营赋能，以此提升数智化能力。提升企业运营能力，聚焦企业运营效率，是企业数智化能力的一个重要体现。

在数智技术的冲击下，越来越多的企业正在应用数智技术为自己的企业服务，这也给企业运营带来了颠覆性的转变。企业领导者也感受到技术在数智化转型中的基础和引领作用，也意识到只有形成数智化的技术能力，才能在竞争中立于不败之地。

当然，这个过程是由数字化向数智化过渡的。首先，要掌握独特的技术，将主流技术转化为数智化的能力，打通技术之间的瓶颈和所有价值链之间的壁垒，进而形成数智化运营体系。

其次，企业在全面实现数字化之后，将企业的数据转化为数据资产，然后再转化为数字化的产品、技术、服务和商业模式，为客户实现价值增值。

最后，企业在数智化转型过程中，要不断适应技术的持续更新和迭代，并且持续地将这些新兴的技术转化为运营能力，进而从成本和效率两个方面提升企业的核心竞争力。

对于任何技术来讲，企业领导者都要思考该用这些技术为谁服务，如何将技术与战略、商业模式形成联动关系。即便是现在发展得很好的企业，在没有数智化支撑的情况下，客户价值也难以实现，最终将难以存活。因为未来的世界是数智化的世界，让技术赋能运营体系，提升组织效率才是正道。

2.构建与数智化相适应的战略和商业模式

数智化转型是一个持续的过程，可能很长时间都看不到终点。因此，必须有一个战略规划作为指导，才能在数智化转型之路上做到方向一致、上下齐心、左右协同，最终转型成功。

与数智化相应的战略，指通过对企业的业务和流程的洞察与分析，明确数智化的愿景、方向和战略目标，勾勒出数智化蓝图，规划出实现数智化的路径和关键举措，最终构建数智化的治理体系。

在制定数智化战略之前，企业首先要清楚自己的定位，其次要确定最近三五年的发展愿景和目标。有了正确的方向和定位，才能进行战略规划和实施策略。这是一个需要逻辑思维和系统性设计的创新过程，多数企业想独立完成这个过程会力不从心。

数智化转型的另一个重要任务是重塑客户价值，再造新的商业模式。传统企业最大的难点在于，如何在传统的商业模式和新的商业模式之间形成良性互动。转型过程中需要新业务，同时也需要传统的核心业务。衡量企业的数智化转型是否彻底，是否成功，就是看该企业原本的商业模式是否转化并形成新的商业模式，在转型过程中获得了重生。

企业在推进数智化转型时，需要结合自身实际确定数智化转型的愿景、使命和战略，思考"我是谁，我为谁而存在"，重新定义客户、创造客户价值，重塑商业模式，如图4-2所示。

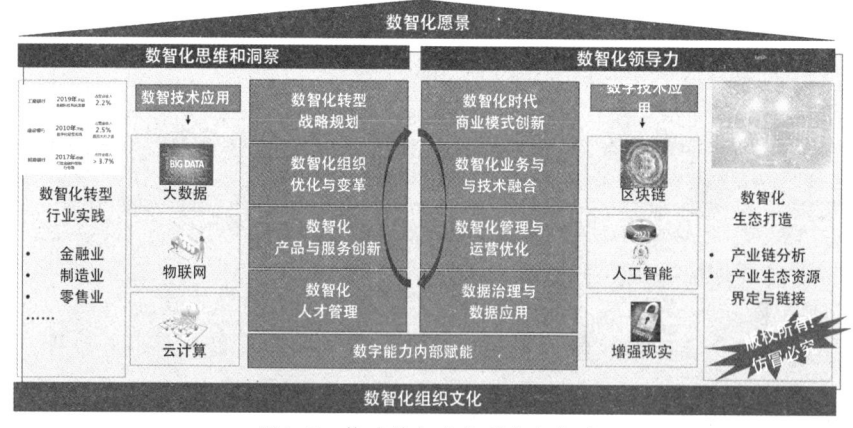

图4-2　构建数智化转型能力体系

第五章
促进组织架构变革，
突破数智管理上限

在数智时代，企业的组织模式也在主动或被动地发生变化，过去那种金字塔型的组织结构可能并不能适应市场"短、平、快"的发展。企业在改变组织结构的过程中，逐渐呈现扁平化和和谐共生的发展趋势。

第一节 组织架构的演化史

组织架构（Organizational Structure），指一个组织整体的结构，是在企业管理要求、管控定位、管理模式及业务特征等多因素影响下，在企业内部组织资源、搭建流程、开展业务、落实管理的基本要素。

企业组织架构是进行企业流程运转、部门设置及职能规划等最基本的结构依据，常见的组织结构形式包括中央集权、分权、直线以及矩阵式等。企业的组织架构就是一种决策权的划分体系以及各部门的分工协作体系。组织架构需要根据企业的总目标，把企业管理要素配置在一定的方位上，确定其活动条件，规定其活动范围，形成相对稳定的科学管理体系。

没有组织架构的企业将是一盘散沙。组织架构不合理会严重阻碍企业的正常运作，甚至导致企业经营的彻底失败。相反，适宜、高效的组织架构能够最大限度地释放企业的能量，使组织更好地发挥协同作用，实现"1+1＞2"的合理运营状态。

1.企业组织架构的演进

从企业的演进历史中可以发现，企业经历了股东价值形态、精英价值形态、客户价值形态以及利益相关者价值形态这四种企业形态，其组织架构也由原先的单一型，逐渐向U型、M型和H型转变。

企业组织架构的演进与美国的企业发展息息相关。19世纪末20世纪初,美国涌现出一大批杰出的产业巨头,从此开启了组织架构创新的历史。① 1840年以前,美国还没有现代企业。那时美国的企业管理作为独立的活动并不存在,企业仅仅经营单一产品,承担一种经济职能,且只在一个地区经营。这种传统的单一单位或单元的企业是唯一的组织形态,在这种形态下,企业的业主和经理是同一个人,很少出现组织创新。②

随着人口分布、可支配收入、技术革命等因素的影响,企业在追求规模经济的过程中,为了提高市场竞争能力和占有率,开始不断朝横向或者纵向扩张。在这种背景下,就要求企业将初始由若干单位开展的经营活动内部化,用管理来协调和取代市场交易机制。

当时很多企业都是按照单一产品线建立的直线型的组织架构,比如石油、钢铁和烟草企业等。为了实现规模经济,这些企业在总部和各基层单位之间必须建立起一种垂直的沟通方式和权威路径,并且由职能部门或者参谋人员负责标准化和程序化事务,这就是以直线参谋制为基本特征的U型组织架构。一直到19世纪60年代,这种架构都是主流形态。

但是这种U型组织架构随着经济的发展也暴露出一定的局限性。虽然其市场支配能力大为增强,也能够实现规模经济,但是这种按照职能划分部门的集权式公司在运营方面存在固有限制,即内部效率的"累积失控",而且股东和管理当局之间、不同层级的管理者之间,存在信息不对称的问

---

① 参见《美国的崛起史就是一部侵略扩张史》,《人民日报》(海外版) 2021年9月16日。

② 参见陈广垒:《公司组织架构选择:U型、H型还是M型?》,新浪财经,2016年10月31日。

题。这些问题都使得公司没有办法从整体上实现利润的最大化。

此外，在19世纪末20世纪初，为了规避反托拉斯法，很多持股公司（Holding Company）的组织架构，简称H型组织架构风行一时。1889年，新泽西州首次通过控股公司普通法，承认其合法性，并于1895年得到美国最高法院认可。

相对于权力比较集中的U型组织架构，H型组织架构更为松散，总部的指挥和协调能力相对较弱，这就导致控股公司总部难以有效协调子公司之间的经营管理活动，也不能在控股公司内部进行资源的有效分配和业绩评估。H型公司更像是专司投资组合的投资公司。

同时，U型和H型的组织划分相对单一，不能满足企业大规模发展的要求。对此，多家企业做出了改变。比如，杜邦公司最初采用集权化且职能部门化的U型组织架构，在20世纪20年代率先创新出多部门结构（Multidivisional structure），简称为M型架构，即以半自治的运营部门（或营业分部）取代职能部门，并在其内部再按照职能分设部门。

M型架构的企业不仅能够适应多元化的扩张要求，还可以有效地提高企业管理效率，并且很好地适应客户需求。此外，M型架构的企业还能够帮助总部的高层管理者从繁忙的日常事务性工作中解脱出来，分出精力去关注企业的整体目标，并进行控制、评价和监督。第二次世界大战之后，M型组织架构在大型企业中占据主导地位，并在20世纪60年代传入欧洲。

伴随新市场、新技术以及全球化等因素的影响，出现了一些联合企业或者财团，以及跨国企业。这些集团可以认为是M型组织架构在产品、客户或地域上的扩大化。

如今，因为外部环境的不确定性逐渐增多，企业的组织架构也变得更加多元化，陆陆续续出现了团队型、矩阵型、无边界型等组织架构。但是，这些形式还没有成为主流，只是在现代企业架构中进行了局部的调整。

2.影响组织架构演进的因素

企业组织架构的演变是一个复杂的过程。1966年，经济学家奥利弗·伊顿·威廉姆森（Oliver. E. Williamson）就指出，现代企业是一种重要且复杂的经济制度。他因为用交易成本经济学分析公司的组织架构演进，而获得2014年诺贝尔经济学奖。①

威廉姆森认为，影响多部门M型组织架构产生的重要因素主要有管理者的有限理性、环境的不确定性、企业家的动物精神和机会主义倾向等。除此之外，也在很大程度上受到法律（比如反托拉斯法）、社会心理和金融市场等因素影响。总体来讲，企业组织架构主要受外部因素和内部因素两大方面的影响。

首先是外部因素的影响，主要包括三个方面：

（1）市场的变化。主要指客户的需求正在发生多样化的变化，企业能不能快速有效地响应。

（2）信息技术的发展。技术的改进直接影响企业组织内部的数据传递、管理者下达命令的速度以及对客户需求的响应速度，能够提高管理者管理的效率和决策水平。

---

① 参见《威廉姆森|理解"治理机制"》，搜狐网，2020年5月23日。

（3）法律法规的影响。出于对消费者的保护和对市场竞争秩序的维护，国家会出台一些与经济相关的法律法规。为了规避这些法律给企业带来的不利影响，企业也会在组织架构上进行相应的调整。除了反托拉斯法外，与证券相关的法律法规和会计准则也会对组织架构的演变产生作用。

其次，内部因素对组织架构的影响。这主要包含两个方面：一是公司的发展战略，特别是多元化发展战略在很大程度上要求采用 M 型的分权组织架构，以更好地响应市场需求及其变化；二是管理当局的性格和能力等自然生理禀赋将直接影响管理的幅度和深度。此外，企业文化和员工素质等也在一定程度上影响企业组织架构的演变。

总体来讲，企业组织架构的演进是企业所处的内外部多重因素共同作用的结果，要么能够降低企业的管理成本使其明显低于市场交易成本，要么能够显著增加企业的营业收入和净利润。但是，无论选择哪种组织架构，对效率的追求都是第一位的。

第二节 数智化是组织架构升级的新方向

上一节讲到，信息技术的发展是影响组织架构演进过程中的一个外部因素。因此，当信息技术发展到数智化时代，数智技术促成的企业数智化，将是组织架构升级的新方向。

数智化将从以下四个方面影响组织架构的升级：

1. 改善员工体验

企业的数智化转型将从三个方面改善员工体验：

（1）个性化。因为当今的消费者面临的选择更加多元，因而更加希望获得针对自身需求的量身定制的独特体验。这就意味着他们可以更轻松地根据个人偏好对组织反馈数据信息，也乐意让企业通过他们的个人数据进行推送，比如提供位置数据或者年龄、兴趣等数据，企业也可以根据他们的基础数据，提供生日祝福、行程建议等。

（2）自动化。当前大部分年轻员工更喜欢与计算机的应用程序进行交互，比如越来越多的员工更加倾向于通过微信、钉钉、飞书等工具进行沟通，因为这种方式更加快速、更加智能，基本能够解决用户日常工作场景下大多数的疑问。

（3）预测分析和执行。数智化的一个重要表现是可以通过信息数据分析为每一位员工创建独特的未来体系。它可以利用统计信息和员工过去数据的留痕情况进行分析，来决定他们将来会有什么行为。比如我们可以根据员工的日常偏好来决定在该员工入职十周年纪念日时，应该给他送什么纪念礼物，以及邀请谁来参加等。当然，我们也可以根据该员工在企业管理平台的表现来判断该员工是否有离职倾向。一旦通过分析发现其有离职倾向，可及时向企业人力资源部门和用人单位进行预警反馈等。

2. 员工交互模式

虽然新一代数字信息技术（比如5G、云计算、AI、大数据等）的发展为我们提供了一个全天候、全地域、全时段的融媒体交互能力，但是我们发现，企业留住员工反而更加困难了。这就要求数智化领导者要像创业者一样思考，到底什么样的员工交互才能创造价值，才能为创造性工作铺平道路。总体来讲，数智化领导者至少应当具备创造力、协作能力、沟通能力、批判性思维和解决问题的能力、创业精神、全球化意识、科技熟练程度和数字媒体素养八个方面的基本能力，这样才能适应未来市场变化和用户需求，引导数智化企业的用户交互向着更符合人的大脑偏好，更具有实时性、友好性、全感知的趋势迈进。

3.鼓励群体创造

随着基础设施和信息技术的变化，我们发现，如今进行一项创造或者创新，其流程越来越长，细枝末节越来越多，工种之间因为语言不通，工作效率提不上去。怎么样才能让创造变得更加高效，以便更快达到企业期望的创新效果？办法就是通过数智化带动群体创造以实现创新效果。

群体创造包含四个元素：一是超级个体。产品创造的主体发生了变化，不仅包括产品制造者，还包括带来更多创意的设计师、用户、超级粉丝、意见领袖，等等。二是群体智商。通过关系和连接的建立产生创造力共振。三是新商业、新供应链企业的加入。这些企业的加入可带来产品的个性化和极大的丰富度。四是多边网络。就是指一些互联网化在线协同创造平台。这四个元素叠加并组合起来，建立起开放的社会化平台，从而连接起更多的用户和创造者，来共同设计产品、开发产品，才能共同创造好产品。

数智化时代带给我们最不一样的地方，就是企业内部员工、用户、粉丝、设计师、在商业各个环节上的人力等，都可以参与产品的创造中，为产品的创造贡献自己的想法。这就是群体创造非常有意思的地方，它可以满足用户对产品在情感层面的深度需求，能够延展产品的各类使用场景，从而表现出无限的可能性。

4.促成管理阳光化

在企业内部，企业利益和员工个人利益不一致属于正常现象，因此，企业管理才有了存在的意义，企业中才会有大量的灰色地带需要监控。当企业进行数智化转型时，必然发生的变化是企业经营和管理活动，以及员工的所有行动，都可以通过数据记录下来，使得企业和员工之间越来越透明。

这些数据记录无所不包，从中可以反映出员工所有的行为和活动，还能够通过数据分析，得出这些活动取得的效果以及达到的相应的效率。通过数据，可以分析哪个环节出了问题，哪个流程不够顺畅，哪个员工的效率不高，哪个行为的效果不好等。在这种管理模式下，员工的利益和企业的利益捆绑得更加紧密，员工的一举一动都在数据的监测和分析之下。管理工作越精细，员工的工作效率就越高。

比如，在数字时代，很多交易都是在线上完成的，减少了中间人的参与。没有了人为的参与，利益的截留就失去了存在的空间，企业管理可以实现正规化，交易成本会下降，客户关系的维护也更加简单直接，不会因为销售经理的更换而流失客户，也不会因为采购经理的离职而流失优质的供应商，使管理更加阳光化。

第三节　数智化和组织架构改革互为促进

在数智化的发展背景下,产品的工艺、流程、销售、渠道等环节面临着改革。所有的企业,特别是在那些在竞争环境中变化非常迅猛的企业,就需要保持组织反应的快速度和行动的敏捷性。

因此,企业组织的生命周期正在缩短,如果跟不上变化,则极可能迈向销声匿迹的深渊。如果企业想在瞬息万变的市场中大获全胜,就需要满足新的需求,创造新的规则,从管理层面制定新的框架,所以组织结构的变革势在必行。

这里所讲的变革,不是简单地改变企业内部的关系,重新组建团队或者宣布一项新的企业战略,而是要求企业管理者从根本上构建一个全新的组织,重新定义组织的运转模式。

这波数智化浪潮,已经从根本上改变了企业。一个企业,无论组织经营还是创造价值的方式,都与过去不同了。越来越多的企业正在推出数字化战略或者数智化战略,开始重构商业模式。作为数智化战略的重要组成部分,重塑组织架构是非常重要的一环。如果组织架构改革无法跟上市场变化的步伐,企业就会随时被赶超。即便是企业组织没有做错任何事情,也会在竞争对手面前失去原有的优势。

总体来讲,数智化和组织架构的改革,是互为促进,协同向前发展的。

1."数字化转型第一定律"带给我们的思考

1965年,英特尔与飞兆半导体公司的联合创始人戈登·摩尔观察到,微处理器芯片上的晶体管数量每两年左右翻一番。这种见解被称为摩尔定律,并且在过去的50年中一直适用。[①]

我们享受着的现代计算技术,正是以摩尔定律为基础的。从互联网的发展到社交网络乃至物联网,这一切的创新都来自摩尔定律。但是现在摩尔定律正在失去效用。因为我们不可能在无限小的空间内承载无限大的数据量。

如今,虽然摩尔定律似乎正在走向终结,但是聪明的人们还是发明了新型技术和组织架构,来继续推动计算能力呈现指数级增长。但是对于企业内部的管理者来说,这种日新月异的变化带来的是无穷无尽的管理上的困难。这就是"数字化转型第一定律",或者是"乔治定律"(George's law)。"乔治定律"指出,有效地进行适当的意见交流,对一个组织的气氛和生产能力会产生有益的和积极的影响。沟通是企业的成功之本。

但是目前企业遇到的情况是,技术变化很快,组织的变化跟不上,甚至慢得多。因此,"乔治定律"给我们的启示是,数智化转型的挑战并不在于技术的发展,主要在于管理层的挑战。特别是大型企业,其组织架构要远比科技复杂得多,这就导致转型过程中组织的调整速度远跟不上技术更新换代的速度。

---

① 参见《英特尔联合创始人戈登摩尔预测:微芯片上的晶体管每两年翻一番》,AR科技圈,2022年5月5日。

因为技术系统主要是根据指令运行，技术组件也主要按照设定好的程序运行，但人类系统就完全不同了。编辑软件组件或是替换某个元件相对要简单得多，但是要改变一个组织并非一件容易的事。

组织是什么？它是企业所有者或者企业管理者的需求，与个人或者员工的需求之间达成的一种议定的平衡。这种平衡本身就很难获得，更别提改变了。大家回想一下，公司上次推行的一项变革是什么时候？如果你作为公司管理者，你拿什么说服员工，让他们相信企业需要改变？你要怎么帮他们找到正确的改变方向？你怎么给他们信心？怎么激发起他们改变的积极性？怎么让员工主动积极地参与到改变当中去？这都是很现实的问题。

所以，作为企业管理者一定要做好心理准备，即在企业数智化转型中技术投入可能是一项很大的开支，但是组织架构的变革将是一笔巨大的人力消耗，需要管理者花更多时间和脑力去琢磨。

2.科层组织的前世今生

科层组织的定义则是一种以等级为基础，信息从下到上流动、命令从上向下发出的金字塔形结构。从某种意义上讲，科层组织是官僚政治的代名词。[1]

科层组织的特点主要有以下几点：一是具有明确的权威等级。在这个等级制中，组织中的任务是作为公务分配的，就像一个金字塔，处在顶端的是最高权威，也是发号施令的地方。而每一个更高一级的岗位可以监督

---

[1] 参见《什么是科层制组织结构》，知乎，2022年1月4日。

和控制它下面的职位。二是在这个科层组织的各个层次上，都有成文的规章制度控制着成员的行为。这并不意味着科层制的职责只是常规性的。职位越高，规章制度越倾向于包括广泛的情况，在解释上也更为灵活。三是组织内部的成员都是全职的，并拿着组织发放的薪水。在这个等级制度下，每一层的每一份工作都有明确固定的工资。个人可以根据自身的能力和资历获得晋升。四是科层组织的成员在组织内部和组织外部的生活是有差别的。人们的工作场所和家庭生活是分开的，在物理空间上也是隔离开的。五是组织成员所使用的办公室、办公设备等资源，是属于企业或者国家的，并不归组织成员所有。

科层组织的存在是现代工业社会发展的必然产物。因为科层组织形式用专家的统治替代了外行的管理，权力的行使靠的是具有客观性的正式规章，而不是一时的兴致、情感或者偏见。权力凭借严格的既定的纪律强制执行，而不是在无法预测的半无政府状态下行使。可以说，科层组织是以合理化的管理取代了非理性的管理。

正是这样一种近乎理性的管理，强权制的组织形式，就像机器一样带来了高效率和经济繁荣，对工业时代的发展功不可没。但是科层组织的弊端也显而易见，这种金字塔形的结构使得塔尖的控制更加集中，处在底层的组织成员会感受到来自上一层的僵硬规则，就好像被困在理性化的牢笼中无法自拔。

3.市场化生态组织是时代的必然趋势

当前企业面对的市场环境复杂多变而且受外部因素影响很大。比如全球的新冠病毒感染，以及整体的世界经济下滑的走势等，都使得企业面临更多更大的风险。在工业时代，管控式的科层组织为经济发展提供了强有力的支撑。但是当我们迈进移动互联网，又快速进入物联网、人工智能的时代时，就需要一种更加有效的组织，来适应外界的变化，这种形式的组织就叫市场化生态组织。它的特点不是一味追求效率，而是增强组织对环境的适应能力，让组织像生态一样焕发勃勃生机。

一般情况下，市场化生态组织是一种平台＋诸多业务团队组成的网状型模式。之所以加上"市场"两个字，是因为其管理机制是让市场这只"无形的手"发挥作用，生态则是一种呈现的状态，不再是自上而下的指挥和命令，而是一个个小蚂蚁自发合作创造的奇迹。市场化生态组织背后，有三个要素：

（1）业务团队。业务团队就像是特种部队或创业公司，需要发挥它的敏捷和灵活性；需要形成闭环，以保证快速响应环境的变化；还需要自我驱动和创业型的领军人物，让大家感受到创业的激情和紧迫感。

要发挥业务团队的优势，就要注意避免用成熟的团队模式管理创新团队。比如业务团队一开始的形态可能只是一个兴趣小组，由几个人基于兴趣和共同的目标在一起研究、创新产品。当这个兴趣小组制订商业计划后，企业经过评审会形成实体项目组来支持这项创新。实体项目组的人数一定要少，能实现功能闭环，并且汇报关系单一，这样才能做到快速调整和决策。

业务团队成功的关键要素是保持"小"，只有小团队才可以做到相互信任、目标一致、行动授权。当市场检验这种模式是正确的时候，就可以快速复制，让N多个小团队组成一个大团队，这就需要第二个要素——

平台。

（2）平台。当业务团队增多的时候，就是平台协同综效发挥价值的时候，团队需要的资源和能力，都可以通过平台共享来获取。这时候，企业可以将部分工作从业务团队中拿出来放到平台上，让平台发挥群体创造效应，让更多、更专业的人参与运作。这时候的平台，不再定位是总部，而更像是一个服务中心，它也不再像科层组织那样从顶端发号施令，而是为各个环节提供服务。

平台成功的关键因素是企业的决策者要有实施的决心。管理层要达成共识，还要有高水平业务能力和专业影响力的领军人物来搭建体系，营造氛围，同时满足业务团队的需求。

（3）管理机制。对于创新业务，管理机制要像风投思维一样，在1000个主意当中选择100个值得一试的项目，再从中选出做得比较好的两三个项目变成大生意。这种思维需要机制的保证，以便基于业务来进行资源配置。

对于成熟的业务，管理机制更像市场化的利益分配机制，确保大家有共同的目标。市场化之外，还需要补充宏观调控手段，以保证由小团队组成的大团队是一个团队。这种宏观调控既包括统一的文化价值观，让大家有共同的行为准则和信仰，也包括信息共享。假如每个人只掌握一小部分信息，就会出现"囚徒困境"，个体就会只做对自己有利但对整体不利的决策。这就有赖于数字化的平台的搭建和更深层次的数智化创新。

此外，管理机制还需要人才和激励机制的支持。不仅要激发团队的活力，促成其在内部加速流动，还可以运用赛马机制，激发企业的活力，虽然有点儿浪费资源，但是取得的效果能抵消一部分资源浪费。决定人才和激励机制成功与否的关键还是管理者的支持，管理者要在人力资源方面投入大量的时间，要能包容赛马机制带来的一部分损失，并且愿意给予那些最有价值的员工高于别人数倍的薪资。

总之，科层组织更像是把企业比作一盘象棋，把每个人看成棋子，身在其中的人要按照象棋大师的指挥和命令行动。但是市场化生态组织更像是一处庄园，身处其中的人是园丁，要浇水、施肥、除杂草，是这个庄园的建设者。一个是被动接受命令，一个是主动出击，获得的效率和成果可想而知。在数智化时代，庄园的建设者依赖的可能是智能的浇水、施肥和除草装备，甚至依赖的是系统施放的决策命令。

4.四种适应数智化生存的组织架构

在当下，由市场不确定性的增加而带来的风险，已经超越了市场风险范畴本身，压垮企业的最后一根稻草，很可能是跨界带来的打击。企业要想生存，就必须快速响应瞬息万变的市场需求。以下四种组织架构，就是数智化时代衍生出来的生存范本。

（1）数据中台型。它能够强化企业的信息和数据流转能力，其组织架构是企业数智化转型过程中出现的一种新型的组织模式。数据中台强化了整个企业的信息和数据流转能力，以前依靠人力进行的信息和数据转移，现在通过互联网网络和数字中台枢纽就可以轻松实现。

数据中台是一个技术平台，打通的是企业所有的业务和流程，将企业"信息化孤岛"连接起来，在此基础上汇聚和打通企业的所有数据，并且赋能前端产品。

某服装品牌的数据中台案例算是传统企业中比较典型的。2015年开始，该IT团队开始考虑建立新的零售系统架构，利用企业级互联网架构技术搭建"零售云平台"。这一设想从2016年初开始实施，短短5个月，该企业就实现了实时监控全国3000多家门店的库存和销售数据的目的，让产品能够在正确的时间出现在消费者需求的地方。

（2）增长型组织。就是以增长为导向，实现跨部门无缝整合。比如在某些企业，营销部门并不是一个很受重视的部门，在企业的地位并不高，CMO（首席营销官）主要扮演营销掌控人的角色。营销部门的工作，需要调动其他部门（比如战略、运营等方面）的通力合作，但是往往因为部门之间相互争夺企业资源而发生矛盾。

如今新型的CGO（首席增长官）职位，在一定程度上缓解了这个矛盾。CGO的职能叠加了消费者与商业领导、战略规划等，站在更大的格局层面管理企业，是以增长为导向来实现商业创新。

当然，能够把战略、营销、销售渠道等重要的基本面打通，有赖于企业的数智化进程。在组织层面，打破原有的组织隔阂，以数据为驱动，改变企业原有的业务运转模式。当下火热的数字化营销，就是市场部门和销售部门的双重配合，重构了市场与销售之间的组织方式。

（3）共生型组织。指成员间互为主体、资源共通、价值共创、利润共享。在组织管理中，除了基本分工之外，管理者们遇到的最大挑战就是"部门墙"，它使决策指令和执行之间的信息缺失。而在数智化时代，为应对不确定性，提升组织绩效，企业还要实现组织内部和外部环境协同。当越来越多的人、组织、资源开始协同后，逐步发展，就形成了"共生"。

在未来，分享不再是核心，企业不再有竞争对手，而是与所有人成为合作伙伴，打造命运共同体。因为无论是人还是组织，都没有办法判断未来以及万物互联的深度影响，企业必须找到一个全新的组织形态来应对挑战，共生型组织由此而生。共生意味着个人、组织打开边界，冲破局限，以技术整合产业，创造强大的不可替代性。

（4）社会化组织。指人人都是企业的"探针"，人人都是企业品牌推广者。这个概念是相对企业化组织来讲的，主要指在移动互联网技术被广泛应用以后，企业通过平台可以使用雇用关系以外的人力资源来完成企业的工作任务。这种社会化组织的生产方式，有赖于数智技术的进一步发展和完善，使得人人都有可能参与到企业的某一个商业环节当中去。

社会化组织衍生出一个概念就是社会化用工，这是与传统雇佣方式完全不同的用工方式。这个不同，不只体现在独特的用工形式上，更体现在这种方式能产生的作用上。具体来说，社会化用工模式下的从业者与企业之间建立的是合作关系，而不再是雇用关系。

当企业将用工方式转化为社会用工时，其相应的社会化组织也要跟上，企业会从中获得更大的好处，即需要负担的经营成本降低了，能收获的组织人效提高了，同时企业业绩也能得到极大地提升。

第四节　数智化组织的进化之旅

自从世界上最早的股份有限公司制度诞生，到如今已有400多年历史。随着工业制造业的传播、交通和通信革命的到来，这种组织制度一直在衍生发展。如今的企业面临的是人工智能、5G、云计算等数智化层面的加速运用，其组织架构不再是一种简单的技术搭建，而是一场思维革命。企业管理者要意识到，在数智化时代，组织架构的进化必将是一场先实现共生然后实现协同的过程。

1. 和合共生是数智化转型的有效策略

数智化时代的大幕正在拉开。有数据预测，2020—2035 年，仅 5G 就将拉动全球 GDP 增长率提升 7.4%，创造经济总产出达到 13.1 万亿美元，经济社会正加速进入数智化时代。[①] 越来越多的企业也认识到，只有广泛合作，才能共建繁荣的产业生态。和合共生，是企业追求的理想状态。

共生不仅意味着企业之间拥有共生信仰，可以自我约束，中和利他；也意味着企业以顾客至上，与顾客共生，尤其要与年轻的顾客共生；还意味着以技术为手段，用技术为企业创造更多新的可能。共生也意味着企业领导层要"无为而治"，要求企业通过数智化，真正为员工赋能。

从整体上来讲，追求和合共生，要从以下几个方面综合考虑：

（1）构建能够共享和共生的产业生态。让全球的产业进一步密切协作并且实现高效分工，让各自的企业在上下游发挥各自的比较优势，形成互惠共赢的产业生态，让每一个身在其中的企业都能充分发挥市场主体作用。在产业链的上下游，要加强合作和交流，大家优势互补，互相促进，而不是恶性竞争，互相抢食。

---

① 参见《中移动杨杰：到2035年5G创造经济总产出超13万亿美元》，澎湃新闻，2021 年 2 月 23 日。

当下，既然企业已经站在了数智技术大发展的风口上，就要加入提升全球产业整体水平的大军中来，积极推动企业与移动通信与人工智能、大数据、区块链等新技术的深度融合，不断催生新业务、新模式、新业态。同时，企业要关注政府的相关政策扶持，在政府的引导和支持下，打通产业链的各个环节，有条件的企业要加快和国际协作的步伐，为全球产业链协同联动贡献自己的一份力量。

（2）要领悟到共生就是培育蓬勃发展的融合应用。比如，像通信运营、设备制造、软硬件厂商、垂直行业等企业都可以融合发展，开发更加先进智能的应用，这些应用主要在能源、医疗、交通、制造、文旅等重点领域落地，而且和5G的发展密不可分，所以要支持国家推进增强型基站、轻量化模组、新型终端等产品的研发和产业化，进一步丰富5G运用载体，同时用好GSMA（全球移动通信系统协会）等国际组织平台，强化跨领域、跨行业协作，重点解决5G行业应用中标准数据复通、行业壁垒限制、商业模式推广等关键问题，推动5G应用加快落地推广。

（3）要维护公平、健康的合作环境，坚持以技术为本，友好协商，互惠互赢。要呼吁每个企业在转型过程中，在技术研发、网络建设、应用发展等方面，和政府、产业组织、其他企业等进行多层次的合作，相互之间形成更加广泛的产业共识，共同努力，营造一个开放、公平、透明的市场环境。这也需要企业遵循一些必要的数据安全协议，维护客户的数据安全，大家合作共赢，共同发展。

2. 组织敏捷协同是数智化的必经之路

今天的产品研发已经变成非常复杂的系统，更重要的是产品研发向下垂直得非常深，这就使得企业创新产品的效率大大降低，研发产品的周期大大延长。如何进行组织创新来提升产品研发和生产效率，是必须要考虑的问题。

在共生的策略下，企业需要凭借高效安全的协同开放平台，对外开放，为企业赋能，全力推动企业数智化转型升级，促进产业高效发展。总体来讲，企业的数智化需要企业从组织内部到产业的各层面之间的敏捷协同。通过组织内部的沟通协同、组织间的业务协同与产业链间的生态协同，构建或者参与一个全新的人与组织、人与硬件、组织与组织的敏捷协同开放平台，助力企业和产业的数智化发展。

在组织内部，敏捷协同旨在提升组织内部的运营效率和体验，降低组织运营的管理成本。正如前面所讲的，传统企业的管理结构正在由金字塔型的科层组织类型向更加扁平灵敏的市场化生态组织类型转变，面对这样的变化，企业亟须提升协同效率。企业内部的沟通协作、组织管理、文档协作、流程审批、数据协同五方面的基础能力，都需要协同开放的数据平台来支撑，而企业在人、财、物、文、会、事六大基础工作的整体运营，也需要数据平台的支持。因此，扁平化的管理在提升组织效率的同时，也有助于企业实现数智化管理转型升级。这一切都需要组织内部的协同。

在组织与组织之间，主要是在产业的上下游之间，可以通过数智化平台协同组织与组织之间的关系，帮助企业重构生产、运营等流程，从而促进业务增长。尤其对大企业来讲，业务协同的量级是超乎想象的。以供应链环节为例，从生产计划的制定，到制造环节的跟进，再到最终销售的沟通协调，每一个流程都要对接各个部门，产生大量数据。这时候就需要各个部门的沟通协作，并且将相关的数据分享到开放平台上，有助于上下游之间的协同合作。也就是说，可以通过流程自动化推动业务流程再造，借助数据搜集和数据分析工具，实现流程数据和业务整合，达到跨组织多业务模式的数智化协同。

更为重要的是，企业在数智化转型过程中，要有意识地融入整个产业的生态组织协同中，将以往的竞争对手当成合作伙伴，从而形成更广泛的产业生态共融圈，最终融入产业链的数智化升级中去。企业可以通过技术平台，打通产业链上下游，形成跨产业的开放生态。比如，将零售、制造、金融乃至政府等都放在一个开放的平台上，从中发现创新机会，实现更加广泛的社会协同。这是整合社会资源，实现供需高效配置，推动产业健康发展的有效途径，而数智化必将在其中发挥基础作用。

第五节　数智化敏捷组织的打造

早在1991年，理海大学在发布的《21世纪制造企业战略》中首次提到"敏捷化"这一概念，其作者瑞克·道夫指出，企业的敏捷性是有效管理与应用知识的能力，而知识管理与响应能力是敏捷性的关键。[①]

敏捷这个词套用在企业上，就是指企业对于外界变化作出灵活且快速

---

① 参见《打造敏捷组织，助力企业发展》，搜狐网，2020年6月19日。

的反应。所谓"敏捷"的组织就是指针对市场环境的变化（如技术变革、需求变化等），能够迅速整合资源并作出反应的企业组织。敏捷组织具有高度的灵活弹性，能用更短时间做出改变，快速感知和应对市场变化，从而拥有不断为客户提供价值的能力。

1.企业向敏捷组织转型是一种趋势

当下，许多组织正在经历重大变革，以应对不断变化的客户需求、波动的市场需求、竞争压力和颠覆性技术的挑战。根据《福布斯观察》的研究显示，不到一半（47%）的高管认为他们可以从这些转变中获得可持续的价值。1/3的大企业都经历着股东总价值的严重恶化，成功复苏的机会渺茫，只有1/4的企业在其行业能够表现出色。

在这个充满着不确定性的VUCAH（不稳定性、不确定性、复杂性、模糊性和超互联性）时代，企业进行敏捷组织转型已是必然趋势。大多数企业都在不断探索怎么让自己更适应市场变化，以适应这个时代。

竞争日益剧烈，自由市场中的企业生命周期愈发短暂，还面临消费者需求不可预测、组织复杂性增加、信息超载、资源匮乏，以及新冠病毒感染等不确定性情况。简而言之，业务环境越不确定，企业向敏捷组织转型越迫切。

2.敏捷组织的基本特点

（1）响应快、创新和适应力强。敏捷组织是动态的，响应速度快、创新能力强、决策周期短。敏捷组织会尝试很多新的方法，边应用边优化。敏捷组织授权程度较高，可以根据结果快速调整策略。

（2）组织模块化并且有活力。敏捷组织会依据重点的不同，分成不同组织模块或项目组。模块和项目组之间既可以互补，又可以形成类似客户和供应商的关系。因为项目组会不断变化，敏捷组织成员很愿意承担和尝试新的任务，锻炼全局观，提升组织弹性，通过不断执行任务并提供客户价值，帮助自己快速提升，成长为复合型人才。

（3）敏捷组织以人为本、以体验为中心。如何运用新的技术方法提升客户体验是敏捷性项目组一个非常重要的问题。同时，敏捷组织还会通过自动化、大数据、AI等不同尝试，持续提升员工体验。

3.敏捷组织的建设理念

不同行业构建敏捷组织有很大区别。有些行业比如手游，试错成本很低，可能一个月就能完成模式创新。有的行业比较重型，比如核电站，需要上万人共同努力5年、10年才能完成组织迭代，而且不能出错。所以，敏捷组织的构建，要围绕以下三个方面进行：

（1）以客户为中心。这和过去的企业追求产品品质、标准有很大不同，现在的企业要为客户创造价值，以客户的需求为中心。只要企业把客户放到首位，就能得到回报。比如很多企业过去的客户在B端，如今在市场需求的推动下，客户已发展到C端，这就需要企业的创意团队深入一线打探市场，根据客户的需求及时反馈新的产品创意。

（2）打造一个专注型的小团队。相比团队规模，企业更应该努力优化团队的专注度，让他们拥有所需要的所有能力。可以围绕具体任务，比如围绕客户想要达成的目标来组建团队。当团队规模变大时，可以将其拆分成具有不同职能的团队。

敏捷组织在成长过程中，其各部分之间的联系和依赖性会越来越强。

这种依赖会变成创新的阻碍，还会使各部门间产生利益冲突，从而产生额外的时间和成本。因此，可以建立网络化的组织，让团队之间有清晰、正式的对接方式。在这个组织中，每个团队都是相对独立的，致力于组织的整体目标，一旦领导者具有明确的任务和目标，团队具有相应的处理能力，就会消除团队之间的依赖关系。这样做将极大提高企业的反应速度和创新能力。

（3）敏捷组织的团队更要看重人才密度。以往的大型组织拥有数百名高素质员工，他们一般分散在各地。但是在敏捷组织中不在于人才有多少，而在于人才密度有多高。人才济济的团队，创新会带来更大的成果。虽然改造大型组织的人才状况需要很长时间，但是企业可以从战略上提高组织某一部分的人才密度来进行。

对于大多数组织来说，想要执行好以上三个方面中的一个或者多个，可能需要在组织结构、技术架构和人员等方面进行重大变革。想要在一定时间内实现大规模的变革，必定极具挑战性，必须要有最高管理层的支持才行，还需要制定一个明确的战略，并在组织内部达成共识。这也对人力资源部门提出了更高的要求，需要其参与企业的战略层面，成为企业的决策者之一。

4.敏捷组织的核心指标

我们可以从以下五个方面给敏捷组织做一个清晰的画布，渴望建立敏捷组织的企业可以将这个画布作为其进展的具体标志。只有这五个标志都到位并且一起工作时，才能实现真正的敏捷性。

因此我们也需要围绕以下五方面来展开相应的敏捷组织转型：

（1）文化与思维方式。敏捷组织需要进行思维准备以及文化打造。目的是规定明确的责任和授权，运用灵活的可扩展的团队网络取代传统的层级结构。

（2）领导力。指对领导者的要求、领导者的选拔和对领导者的评价。敏捷组织的高层领导者在敏捷组织转型中发挥着整合作用，他们的能力关乎敏捷组织自上而下的一致性。能力强的领导者可为敏捷组织转型落地举措明确优先级，优选合适的团队，并为整个组织提供清晰、可操作的战略指导。

（3）人才。指敏捷性人才的储备，包括构建敏捷性人才标准、知识能力结构、规范选拔方式、设计学习内容和学习方式、评价方式，以及制定敏捷性人才的集体绩效和自主奖金分配等。

（4）流程与方法。指对客户的需求进行快速影响和尝试，要求是信息透明，持续学习，以行动为导向进行决策。

（5）组织结构。敏捷组织需要创建敏捷的架构，明确岗位职责，进行组织管控，清晰决策流程。

综上所述，目前我国正在成为敏捷组织创新的全球试验场，以及理论、最佳实践和专家孵化基地。在中国，企业的组织形式多种多样，不同的企业处在不同的成长阶段，企业的变化也非常快速和剧烈，这些都成为敏捷组织创新和发展的良好环境和条件。中国企业正在敏捷组织的构建中引领新一波创新潮流，将敏捷组织的发展经验用以实践并且推广到全球。所以，对于中国企业来讲，构建敏捷组织不仅是大势所趋，也是时代给予的巨大机会。

第六章
深化数智技术应用，
改善数据决策能力

在云管端 +AIoT 等新技术群落的基础上，数智化要解决的问题是通过结合云计算、数据平台和移动端的开放解决方案，构建无边界协同和全局优化的开放技术体系，实现交叉融合创新，不仅要提升企业的运转效率，还要满足多场景下的全生命周期的实时需求，提升系统的决策能力，让数据这一生产要素发挥更大的作用，全面支撑模式创新、产品创新、组织创新和管理创新。

第一节　数智化与数字基建

当下不断突破创新的新一代数智技术会加快数字化转向数智化的步伐。发展数字经济既是大势所趋，也是抢占新一轮科技革命和产业革命新高点的重要机遇。而数智化与数字化基础设施建设（简称数字基建）有着密不可分的关系。

1.数字基建是新基建的支柱和核心

数字化基础设施建设，又称数字基建，指能够体现数字经济特征的新一代信息基础设施建设，涵盖5G互联网、数据中心、人工智能、工业互联网等领域。

新基建是新型基础设施建设的简称，是智慧经济时代贯彻新发展理念，吸收新科技革命成果，实现国家生态化、数字化、智能化、高速化、新旧动能转换与经济结构对称态。建立现代化经济体系的国家基本建设与基础设施建设，包括绿色环保防灾公共卫生服务效能体系建设、5G—互联网—云计算—区块链—物联网基础设施建设、人工智能大数据中心基础设施建设、以大健康产业为中心的产业网基础设施建设、新型城镇化基础设施建设、新兴技术产业孵化升级基础设施建设等，具有创新性、整体性、综合性、系统性、基础性、动态性的特征。

数字基建、新基建和传统基建，是相辅相成、密不可分的。从新基建涉及和作用辐射方面来讲，三者存在以下关系：

核心层是数字基建。数字基建是新基建的核心，包括5G、大数据、人工智能等数字化基础设施建设。

外延层是以数字化为核心的全新基础设施，包括配套的新能源、新材料及其应用领域的配套设施、无人化配套设施等，还包括这些领域涉及的园区项目。

辐射层是经数字化改造的传统基建及其新型细分领域。这一层是已经经过数字化、智能化改造的传统基础设施建设，或者说是为了弥补一些传统基础设施建设的不足而产生的新型的细分领域，比如智慧城市、轨道交通等。

可以看出，数字基建是新基建的支柱，传统基建经过数字化改造，也隶属于新基建范畴。数字基建和传统基建在新基建的外延层、辐射层又可能重叠，形成相互补充和相互促进的作用。

2.企业数智化离不开数字基建

从国家宏观层面来看，国家也在积极倡导建设新型基础设施建设，打造整个信息社会的基石和数字经济的底座，一轮数字化发展的浪潮澎湃而来。

2022年1月12日，国务院印发的《"十四五"数字经济发展规划》指出，"十四五"时期，中国数字经济将转向深化应用、规范发展、普惠共享的新阶段。其中，数据要素成为数字经济深化发展的核心引擎，基于全闪存、分布式为代表的新存储平台，存好、管好、用好数据要素，将为经济社会数字化发展带来强劲动力。①

围绕传统产业数字化、智能化升级，需要加大以智算中心为代表的新型基础设施建设。智算中心以融合架构计算系统为平台，以数据为资源，以 AI 算力驱动对数据进行深度加工，产生各种智慧计算服务。随着算力、算法的突飞猛进，数据存储将成为数字经济进一步发展的突破重点。

关注数字基础设施建设虽然不是所有企业的义务，但是很多企业正在围绕数字基础设施热火朝天地搞建设。还有很多数字原生企业本身就靠数字吃饭，没有数字基础设施就没有饭碗，比如互联网、金融、通信等行业，其产品本身就是由虚拟数字组成的，更新迭代非常快，倒逼数字基础设施不断进化。这些企业搭乘在靠数字吃饭的高速列车上，一刻也不敢松懈。另外，一些大型的传统企业也逐渐坐在数字基础设施的"饭桌"上，这是非常可喜的变化。

3. 数字基建的标杆

早期布局数字化的企业，比如银行、互联网企业和通信运营商等，已经在数字基础设施建设方面遥遥领先，产生了标杆效应。

比如某家大型银行，在服务产品化方面，大规模应用 K8S 容器技术，容器化应用已经发展到数百个节点、近 2500 个 POD 规模。在能力平台化方面，建设的运维工具体系涵盖公共组件 18 个，以及其上运维业务应用 35 个。在数据价值化方面，构建运营大数据平台，支持多种数据源接入大数据计算和存储引擎，内置机器学习框架和丰富算法算子库，可开放数据

---

① 参见《国务院关于印发"十四五"数字经济发展规划的通知》(国发〔2021〕29号)，国务院官网，2022 年 1 月 12 日。

接口供上层应用使用。在管理精益化方面，组建独立的金融科技公司，实现专业的生态化运营运维。在运营体系化方面，除了支撑本行业的业务之外，可以面向机构客户、企业客户、合作伙伴提供多元化生态服务。在风控横贯化方面，如在公安部护网演习中，成功抵御网络攻击上百万次。

再比如一家大型互联网企业，在服务产品化方面，是全球首个将核心交易系统100%运行在公有云上的大型互联网公司。在能力平台化方面，其云原生应用平台团队基于标准应用定义与交付模型进行应用管理产品与项目统一架构升级，推出开放应用模型项目，向下一代 PaaS/Serverless 升级演进。在运营体系化方面，已具备严格的服务级别和服务目录管理规定，构建了包含服务设计、服务交付、服务运营和服务改进于一体的完备的服务运营体系。在管理精益化方面，率先在行业内实现了全链路的业务监控、故障自动发现诊断、应急流程的分钟级响应和协同。

我们再看这家运营商的省级公司。在服务产品化方面，建设 X86 与 ARM 双平面资源池，建设公司级云平台，实现全中心微服务化业务支撑系统建设，对内全面支撑 M 域、O 域和 B 域，同时开展对外服务。在能力平台化方面，构建智慧中台，涵盖技术中台、微服务平台、数据中台、AI 中台、业务中台，完成同构和异构业务中心接入。在数据价值化方面，构建企业级大数据平台，接入数据全面覆盖 M、O、B 三域。在管理精益化方面，成立技术保障部和技术运营部，对数字基础设施进行专业化建设和运营。在运营体系化方面，构建端到端一体化运营体系，以云服务运营为核心，以服务生命周期过程中的指标、流程规范运营为辅助，实现业务营销、网络运维、用户服务和运营管理的智慧运营，全面赋能各部门及地市。

不可否认的是，数字化浪潮扑面而来，企业发展如同逆水行舟，不进则退，在数智化转型道路上，企业更是任重道远。

第二节　数智技术的综合应用

企业要实现数智化，需要数智技术的支持，必然离不开云计算、大数据、人工智能、5G、区块链、AR、物联网等技术的应用，在不同的场景，我们都能感受到这些革新技术带来的真实体验与社会变化。然而，技术的变革对于一家要进行数智化转型的企业来说，用什么不用什么，怎么进行技术应用，都需要企业在转型前充分考虑。

云计算（cloud computing）通常采用分布式计算技术，通过网络"云"将计算、存储资源实时分配并提供给终端用户，然后，通过多部服务器组成的系统进行处理和分析得到结果并返回给用户。

云计算的应用有存储云、医疗云、金融云、教育云等。比如，医疗云就是在云计算、移动技术等新技术的基础上，结合医疗技术，使用云计算创建医疗健康服务平台，从而实现医疗资源的充分利用。现在已经取得应用的预约挂号、电子病历、医保等都是云计算与医疗领域结合的产物。企业云服务部署有私有云、公有云、混合云等。云服务的部署一方面要考虑信息安全，另一方面也要考虑性价比等。

大数据指的是无法在一定时间范围内用常规软件工具进行捕捉、管理和处理的数据集合，是需要新的处理模式才具有的更强决策力、洞察发现力和流程优化能力的海量、高增长率和多样化的信息资产。大数据通过单点访问，可实现对整个企业现有的所有数据资产进行发现和分析，利用大数据可以获得巨大的商业机会，然而我国目前大多数企业还未能很好地利用大数据解锁商业价值。

大数据的主要应用领域，有医药研发、金融领域和农业领域等。比如大数据在农业领域应用最普遍的是精准农业。大数据能够捕捉气候、土壤、空气质量，以及设备和劳动力的成本等的实时数据，根据分析投入更加科学和有针对性的劳动。

人工智能（Artificial Intelligence，简称AI），是研究、开发用于模拟、延伸和扩展人的智能的理论、方法、技术及应用系统的一门新的技术科学。作为计算机科学的一个分支，人工智能企图研究并生产出与人类智能相似的智能机器，比如机器人、语言识别、图像识别等。

人工智能的应用广泛，比如人脸识别、智能聊天、无人驾驶汽车、医学图像处理等。以智能客服聊天机器人为例，线上客服可以通过智能聊天机器人来实现。当用户在线针对企业品牌提出问题时，智能客服机器人会根据客户的历史访问足迹迅速判断客户意图，并回复客户需求。

5G第五代移动通信技术（5th Generation Mobile Communication Technology，简称5G）是具有高速率、低时延特点的新一代宽带移动通信技术，5G通信设施是实现人机物互联的网络基础设施。

5G有三大类应用场景，即增强移动宽带（eMBB）、超高可靠低时延通信（uRLLC）和海量机器类通信（mMTC）。增强移动宽带（eMBB）主要面向移动互联网流量爆炸式增长,为移动互联网用户提供更加极致的应用体验;超高可靠低时延通信(uRLLC)主要面向工业控制、远程医疗、自动驾驶等对时延和可靠性具有极高要求的垂直行业的应用需求;海量机器类通信(mMTC)主要面向智慧城市、智能家居、环境监测等以传感和数据采集为目标的应用需求。

区块链(blockchain 或 block chain)是用分布式数据库识别、传播和记载信息的智能化对等网络,也称为价值互联网。2008年,比特币的开发者兼创始人中本聪在《比特币白皮书》中提出了区块链的概念,并于2009年创立了比特币社会网络,开发出"创世区块"[①]。

区块链技术可以在无须第三方背书的情况下实现系统中所有数据信息的公开透明、不可篡改、不可伪造、可追溯。可以有效解决信任问题,实现价值的自由传递,可以广泛应用在数字货币、金融资产的交易结算、数字政务、存证防伪数据服务等领域。比如,区块链发票是国内区块链技术最早落地的应用项目。税务部门、开票方、受票方通过"税链"网络,实现"交易即开票""开票即报销"——秒级开票、分钟级报销入账。

AR(Augmented Reality,增强现实)是一种实时地计算摄影机影像的位置及角度并加上相应图像的技术,将真实世界信息和虚拟世界信息"无缝"集成,从而实现互补和叠加,并呈现在同一个画面或者同一个空间。

AR技术可广泛应用到军事、医疗、建筑、教育、工程、影视、娱乐等领域。比如AR可以应用于古迹复原和数字化文化遗产保护。文化古迹的

---

① 参见《区块链发展史(2008—2009):中本聪与比特币》,腾讯网,2020年6月16日。

信息以增强现实的方式呈现给观众，观众可以看到虚拟的关于古迹的文字解说，还能看到古迹残缺部分的虚拟结构。

物联网以计算机互联网为基础，利用先进通信设备和技术，让整个网络中的物品能够彼此进行"交流"。利用物联网，物与物、物与人都可以实现连接，从而帮助人类对物品实现智能化感知和管理。

物联网在智能仓库、智能物流、智能医疗、数字家庭、定位导航、智能零售、智能交通、智能电力等领域都有广泛的应用前景。比如智能交通，可以通过物联网将整个交通设备连在一起，从而准确收集道路的车流量信息，通过信号灯等设备对车流量进行控制，缓解交通堵塞。违章驾驶和交通事故也能及时得到处理。

数智技术快速发展，无论你是数智技术的企业，还是技术的研发和服务提供者，首先，需要了解哪些新兴技术可以利用，何时、何地以及如何集成到企业的集中部署和战略规划中。以上技术都有专门的应用场景，例如人工智能技术，在图像识别等领域取得了突破性的成效；物联网则能对有大量自动终端信息采集需求的业务提供关键的动态实时信息。其次，企业对于新技术的实施成本和回报周期需要有明确认识。许多企业浪费了大量的人力、物力、财力进行投入，追逐最新"热点"技术，却不考虑它如何满足消费者的需求，或如何与他们"以客户为中心"的理念保持一致，导致企业的数智化转型事倍功半。

第三节　从业务数据化到数据业务化

衡量数智化转型成功与否，有个非常重要的指标，便是"业务数据化和数据业务化"的程度，以及这两者之间是否形成闭环。

众多互联网公司喜欢把"一切业务数据化，一切数据业务化"这句话挂在嘴边，实际上，这句话也和数智化转型中的企业密切相关，因为转型的过程是先有业务数据化，然后再有数据业务化。

1.业务数据化及其实现路径

业务数据化就是使业务转变成为数据的意思，就是将业务过程中产生的各种痕迹或原始信息记录并转变为数据的过程。完成业务数据化，需要两个步骤，一个是经过简单的数字化处理，另一个是将流程数据化。

一般来讲，数字化是IT时代信息化所做的事情，而流程的数据化则是DT时代数智化转型所做的事情。前者是初级阶段，可以提升效率、沉淀数据，为后者奠定基础。后者则倒逼IT系统优化和完善。

具体来讲，业务数据化有五条实现路径：

（1）流程电子化。就是在不改变原有业务流程逻辑的前提下，将这一流程固化转移到IT系统中，实现业务的电子化。这类系统一般应用于企业内部，比如ERP系统、OA系统、会议室预约系统、报销审批系统等。

以报销流程为例，原来的费用报销流程是用纸质的发票，先汇总起来，然后层层审批，经过很长时间的处理和流转，才能走完整个流程。但是出现报销平台之后，所有报销流程都电子化了，所有过程都可在系统中完成，既减少了报销人员和领导之间的接触频次，也提升了报销效率，而且不容易丢失数据。毕竟传统的人工操作容易导致数据的丢失。

（2）业务在线化。就是将产品或者业务从线下转移到线上。把业务在线化，一方面可以打破空间地域的限制，帮助企业找到更多的目标客户；另一方面也可以提高业务处理的效率，提升用户体验。比如电商平台就是最典型的例子，将实体店的买卖搬到线上之后，不仅客户扩充到了全国各地甚至全球，时间上也无限拉满，可以实现24小时全天候在线销售。同时，客户的购物体验也更加丰富，可以在网上像逛街一样比对商品、比对价格，同时在线上下单完成购买。购买过程产生的数据同时被记录在电商平台的数据库中，这些数据可以支撑平台的后续操作。

（3）转变工具化。因为在数字化的过程中，企业内部积累了很多数据资料，这些数据包括很多种类型，有些是结构化的数据，相对比较好处理，但是很多数据是非结构化的，或者是半结构化的，就需要借助外部工具才能处理。举个例子，银行在审批客户提交的纸质资料或单据时，往往需要先将这些资料进行电子化转化，比如通过对身份证件等资料进行扫描处理，就能生成类似PDF或图片格式的电子文件，借助OCR工具，可以批量化识别其中的内容，并转化为相应的结构化数据。同样道理，对于音频文件、视频文件都可以借助一些成熟的工具进行数据格式的转换和处理，这样就能将蕴含在半结构化或非结构化文件中的数据提取和解析出来。

（4）采存自动化。指数据的采集和存储由人工向机器自动处理转变。

人工处理数据不仅容易出错，而且容易丢失，也耗费时间，能应付的数量更是有限。但是当数据录入相应的系统后，特别是在数据埋点、网络爬虫等技术的支持下，数据的自动化采集和存储已经变得很轻松了。很难想象人工如何实现数据的实时化采集和存储，但这对一台数据处理机器来讲毫不费力。

（5）指标分类化。就是将采集到的数据进行分类整理、结构化处理。这是不可缺少的步骤。通常来讲，可以按照主题分类，建立起一定业务逻辑下的指标体系。这种对数据的指标分类化，一方面是对数据的一种再加工，另一方面也是对业务所进行的再分析。对于数据资产的长期管理来讲，这一点非常重要。

2.数据业务化及其实现路径

数据业务化指企业在数智化转型过程中为了抓住新的机会，提供新型服务或者新型产品，会抛弃一些旧有的技术体系，进而选择数字化技术和中台共享服务以实现商业价值。

这一类的转型，将有机会创造出更有冲击力的商业模式，比如微商城应用、社交化分销业务的应用等。这都是通过对数据的应用为产品或服务创造额外价值，从而为企业开辟新的渠道，带来新的业务增量。

通常来讲，数据的业务化通过以下五个方面来推进：

（1）数据治理。企业在数据建设和应用的过程中，对数据治理的投入大概需要占用八成的精力，但是体现出来的价值可能只有两成，所以很多企业会选择忽视数据治理，导致对其资源投入不足。但其实这么做并不正确。

数据如何体现出它的价值？数据的价值体现是建立在整条数据链路的效率和质量基础上的。如果没有数据治理，就无法打造数据创造价值的基础和系统能力。当数据应用层面发展到一定阶段时会遭遇瓶颈，这时候，数据的维护成本陡然上升就得不偿失了。如果前期不做好数据治理，后期数据应用层会越来越难，甚至会面临停滞，这时候企业不得不返回来进行大规模的数据层重构，花费的时间和金钱将更多。所以，数据治理在前期就要规划好。

（2）数据分析。当企业有了高质量、海量的数据之后，如果规划好数据治理并使之步入正轨，就需要进一步考虑数据的应用和价值创造。数据分析包含的内容比较广泛，比如专题分析、周期性数据报告、商业洞察、战略分析、算法模型等，主要产出是基于数据分析的业务观点、业务洞察，以及基于统计学、数据挖掘、机器学习等的算法模型。

（3）数据实验。企业形成基于数据的业务观点后，就要付诸实施，并且尽快通过业务的落地进行验证，从数据创造价值的角度来讲，这就是业务实验。企业在业务增长过程中，数据实验是必不可少的一环，一定要留出人力、物力进行基于数据的增长黑客或业务规则实验，不能让数据分析报告只停留在参考环节，越能把数据分析和算法模型的方法、结论等深度地融入业务策略中，就越能实现数据驱动下的业务增长，让增长逻辑变得清晰明确，变得更加可控、可复制。

（4）数据产品。经过数据实验后，企业就可以把经过验证的方法论融入数据产品中去，从而促进数据驱动业务增长模式的形成。数据产品构建了一条新的通路，将数据、数据分析和算法都沉淀成工具，将一套固化的方法置于产品之中，来保证自上而下及横向各个团队之间都有统一的认知和大概一致的能力。

同时，数据产品还可以通过分层架构，把底层数据建设、商业分析探索、算法模型探索、面向业务团队使用的数据产品、线上系统，有效地实现分工和连接，使团队在统一的范围内有自由发挥的空间，进行各自的专业探索，同时又能朝着同一个价值方向去努力。

（5）数据教育。主要包括数据的文化宣导和能力培训。首先要从领导层开始推动用数据说话、用数据决策的思维和习惯，宣导数据价值和数据驱动的重要性；其次要建立数据决策流程机制，从上到下培养用数据说话的氛围，举办与数据驱动最佳实践相关的各种激励活动等。再次要注重自下而上的数据能力培训，让员工有数据意识，熟练使用数据产品，掌握数据分析的基础知识和技能。这就要求企业在数据人才、企业员工数据能力的培养上加大力度，让数据驱动具备坚实的人才基础。

第四节　数据治理水平提升的重要性

目前，全球数据正在以前所未有的速度增长。IDC 曾发布报告称，到 2025 年，全球数据圈预计将增长至 175ZB。[1] 在这一背景下，企业要想占得先机，把握数字红利，做好数据治理具有重大意义。

---

[1]　参见《IDC：年均增速 30%，2025 年中国将以 48.6ZB 领跑全球数据圈》，IT168 网，2019 年 3 月 13 日。

数据治理没有统一的标准定义，国际数据治理研究所（DGI）给出的定义是数据治理是一个通过一系列信息相关的过程来实现决策权和职责分工的系统。这些过程按照达成共识的模型来执行，该模型描述了谁（Who）能根据什么信息，在什么时间（When）和情况（Where）下，用什么方法（How），采取什么行动（What）。

数据治理的最终目的是提升数据价值。这是企业实现数字战略的基础。它是一个管理体系，这个体系中包括组织、制度、流程、工具等。

1. 数据治理的意义

分析机构 BARC 在一项研究中对全球 378 家企业进行了调查，有 96% 的受访企业认为，数据治理已经不可或缺，而且未来将继续在企业中发挥核心作用。调查显示，合规性、更有效地使用数据、以及与业务相关的内部和外部数据的不断增加是企业制订数据治理计划的主要驱动因素。[①]

显而易见，如果企业不能对数据进行有效治理，将产生大量的劣质数据。这些劣质数据将给企业经营带来巨大的风险，从而徒增企业的管理成本，影响工作效率。如果企业有错误的数据，那必将导致错误的策略和错误的结果。

因此，企业不仅需要管理数据的系统，更需要规范这个数据系统的规章和流程。数据治理涵盖企业所有的数据相关内容，将企业的工作流程、涉及人员和使用的技术等都纳入考量，以确保数据的可用性、一致性、完整性、合规性和安全性，确保在整个数据生命周期中都具有较高的数据

---

① 参见《数字化转型，数据治理就是这么重要》，头条，2021 年 3 月 26 日。

质量。

良好的数据治理，不仅可以帮助企业获得高质量的数据，为进一步进行数据活动打好基础，还能够帮助企业建立标准化的数据资产管理方法，从而提升企业的数据运营效率，有助于企业建立数据与业务的紧密联系，推动数据资产的变现，从而更高效地帮助企业将数据价值转化为业务价值。

随着数据的不断膨胀，AI、云计算等这些十分依赖数据质量的技术势必持续火热，全球的数智化转型浪潮也在汹涌澎湃地向前推进，数据治理将在未来的企业数智化战略中占据十分重要的地位。

2.数据治理面临的挑战

以往企业中的数据治理比较简单。因为在传统的组织和运营体系下，企业被治理的数据，都是在企业内部的事务处理系统中生成的，与现在相比，数据量较低，数据类型、IT环境也比较单一。随着IT技术的整体发展，特别是大数据时代的到来，数据治理将背负越来越沉重的负担。因为数据在爆发式增长，并且越来越复杂，但企业内部的数据已经不足以指导企业的整体策略了。

随着IT应用类型、数据源、数据分析方法的不断增加，数据治理进入一个新的变革和发展阶段。面向大数据的数据治理，应该具有更高的能动性，需要跟上更快的IT环境变化速度，作出积极的响应。可以说，在新的发展阶段，数据治理的各项要求将变得更具有挑战性。

因为大数据治理必须跟踪跨多个平台的数据访问和使用情况，并减轻数据使用不当造成的风险。在大数据环境中，验证数据源并确保数据质量和数据完整性成为一个巨大的挑战。此外，海量数据的存储、如何最大化提高数据处理效率、保证数据的可靠性与安全性，也更具难度。

3.数据治理的典型做法

数据治理是一套完整的规则和框架，可以帮助任何组织的各种数据利益相关方识别并满足它们的信息需求。企业不仅需要管理数据的系统，还需要一套完整的规则体系，并通过流程和程序来确保这些规则都得到遵守。数据治理，是一个由浅入深、依次递进的过程。

（1）记录企业经营活动中的数据。数据的采集是数智化的第一步，在企业经营活动中，涉及相应的研发、采购、生产、销售、渠道等环节的数据都应该收集起来。这些数据千差万别，相当复杂。为了避免遗漏，企业可以采用价值链的分析方法，按照企业价值创造的全过程列出所有经营活动，然后进行相应的记录。

企业价值链分析的终极目的就是提高价值的创造效率，用更低的成本带来更大的产出。围绕价值创造过程记录数据，就是为了完成相关效率指标的衡量和改进。比如在客户沟通环节，我们要记录的内容包括客户对象本身、沟通的内容、沟通的批次，以及沟通带来的反馈等。当我们记录了这些数据以后，就能够通过持续的数据积累去分析客户沟通方法的优劣。

（2）建立数据标准。对于数量庞杂的商业数据，需要用不同的属性去描述和归类，对各种业务的数据记录赋予不同的维度属性。比如，在销售过程中，我们应该对客户所处的行业、所在的地域、人员规模等指标建立统一的维度。通过建立统一的数据标准，可以确保数据能按照统一的规范进行存储和管理，然后计算机系统可以对这些数据进行分类和处理，开展不同维度的分析。

对数据进行维度分类是为了运营和分析的需要。所以，数据标准化和维度设计需要企业的管理人员去策划和执行，才能达到支撑业务的目标。

（3）重视结构化和非结构化数据。通常，企业能够捕捉到的数据和容易被处理的数据，都是结构化的数据。在多数企业的意识当中，数据的结构化是比较容易实现的。在企业的业务数据领域，数据的结构化指的是关系数据结构。比如，一个销售订单是一个数据表，它和销售订单明细表关联，后者的记录可以直接关联订单表的记录。同时，销售明细表也和产品表关联，因为一个产品可以出现在多个销售订单明细中。这种反映业务数据关系不冗余信息的数据结构，就是关系数据库。

与之相对的，是非结构化的数据，它不符合任何预定义的模型，因此它存储在非关系数据库中。

对于企业来讲，目前的技术已经成熟到能够处理结构化数据了，但是对非结构化数据尚且欠缺成熟的分析和判断能力。处理结构化数据仅仅是数字化的开始，要实现数智化，真正的破局是如何处理非结构化数据。

（4）将业务数据进行模块化设计。模块化是一种处理复杂系统分解为更好的可管理模块的方式。当遇到一个系统过于复杂的情况时，可以将其分解为多个模块，按照模块进行管理。这样做复杂度就大为降低了。数据中心引入模块化技术，可以构造一些模块化服务来大幅提升设备的使用价值，使数据中心的各个功能模块具有可扩展、可变更、可移动以及可变换的能力，同时也可提高系统的可维护性，避免在运维中出错，并且可以预见问题，提高工作效率。数据的模块化正是在云计算、大数据这些数据业务的强劲推动下才产生的。

其实，数据中台的本质就是业务模块化设计。在较大规模的企业中，业务组织架构复杂，很可能包含多个事业部门，每个事业部门都有部分重复的职能。数智化建设的要点就是避免重复的数据，所以模块化思维是大中型组织的必修课。

举个例子，企业的品牌产品在零售过程中可能处于多个电商平台，还可能拥有很多线上和线下的店铺。这就需要在一个共同的物流和仓储平台上为每个零售终端提供准确的库存信息。同时，这个库存信息还需要连接采购和生产系统，以保证每一个SKU的流动都被准确地记录和跟踪。企业增加任何采购和销售环节，都通过一致的接口向物流和仓储系统写入和读取数据。这就是模块化的供应链系统。

数据模块化的意识是企业数智化转型能否成功的关键因素，毕竟企业的运维是一个复杂的过程，如果缺乏模块化思维，企业就会缺失对全局的考量而只进行孤立的建设，这样只会让运营更加复杂，过度重复和消耗造成资源浪费。

（5）要有实现自动化的意识。企业的领导者一定要有一个意识，就是"只要能让机器做的事情就不要让员工来做"。这就是典型的自动化意识。因为机器的工作效率和精准度都比人工高，当企业记录的大量数据能够进行分类和结构化之后，再配备一定的软件和硬件设施，就能够让机器代替人工完成一些任务。

比如销售团队签署了合同以后，可以自动化执行交付流程。产品交付以后，可以自动化执行财务流程。员工入职以后，可以自动化执行岗位培训流程。根据生产设备的点检计划，可以自动化定期生成点检任务。这都是企业的自动化场景。

另外，在数智化时代还有一个不可忽略的趋势，就是大数据的自动化分析和管理，这远比大数据本身更重要，是企业从数字化迈向数智化的重要一步。这也是为什么提倡企业领导者要重视自动化的原因。迈出第一步后，企业不能仅局限于将企业运营过程中的各种数据结构化，然后进行自动化交付，而是要充分利用大数据，实现对大数据的自动化分析和管理，以提升企业运营效率。

（6）通过分析和洞察实现智能决策。当结构化的数据实现了自动化分析和洞察后，更进一步的运用就是实现智能决策。对于企业领导者来说，对数据进行分析和洞察，是数智化思维的支点。所有的分析和洞察，最终目的都是作出某个判断和决策。这个决策可能是运营的改善，也可能是中长期的战略决策。

如果上述决策是领导者完成的，那么在数智化过程中，最重要的一点是通过对数据的洞察，通过数智技术、数智化设备、数智化软件，让机器辅助管理者进行智能化决策。在一些快速适应市场变化的场景下，或是在一些研发、销售和营销的场景中，一些机器辅助智能化决策已经实现。

以某厨房电器品牌为例，该品牌搭建了智能决策系统，可以快速精准地分析用户，判断出他们是谁，他们对什么样的厨房电器感兴趣，通常会通过哪些渠道购买，会在什么时间购买等。有了这些数据之后，该品牌就可以在产品设计、研发、销售等环节实现精准优化，极大减少库存压力，提升产品销售力。

企业数智化的过程实际上是企业完成由个人经验到智能决策的转变的过程。智能决策能够为企业提供更深刻的业务洞察，提升决策的效率和质量，也能从结果中不断迭代和推演出更优质的方案，从而让企业的运营更加高效和精细。

第五节　企业数智技术体系的开放共享

现如今，数智化已经成为一个国际话题，引起了越来越多的国家和企业的关注，促使大家纷纷探讨数智化转型的道路和方法。包括中国在内的很多国家，也都制定了相关的国家战略，比如数字经济战略、ICT发展战略、数字议程、数智化战略等。

在上一章我们提到，数智化是一个和合共生和协同发展的过程，需要各个国家之间，各个行业之间，各个企业之间，以及国家、行业和科研机构之间打开边界，构建开放的数字生态，这样才能对抗未来的不确定性。因此，数智化必然要依赖技术体系的开放。

1.没有企业能够独立面对技术的挑战

Forrester首席分析师詹姆斯·麦奎维（James McQuivey）在《颠覆：数字经济的创新思维和商业模式》一文中直言：在数字化浪潮中，市场竞争者们都在利用新的平台、工具和关系来参与市场竞争、接近用户，甚至是颠覆旧的商业模式。[1]

这个过程的确能为企业带来一系列好处，比如前面讲到的提升效率、降低成本、调整组织架构等。但是改变并没有那么容易，特别是很多处在数智化过程当中的企业，依然处在"看上去很美"的状态，就连一些行业龙头企业，也都在数字化浪潮中栽过跟头。

究其原因，就是企业的数智化转型就像二次创业一样，不仅要打破原有的组织架构，还要创造出新的商业模式，企业很容易陷入迷茫。特别是在数智技术方面，这几年大数据、物联网、AI、5G等技术发展迅速，并且很多技术在业务场景中是叠加应用的，给用户和使用者都带来了适应困难。

比如有一家商业银行要开展看似简单的营销业务，但是在后端要涉及数据采集、拉通等大数据相关技术，前端还要涉及各种人脸识别、语音识别等，营销模型还需要对算法模型不断进行训练与优化。营销人员对旧有的技术还没有摸透，新的技术又接踵而至，还要去适应数据中台、深度迁移学习、5G等。在技术迭代迅速的情况下，用户对数智化的认知和应用还跟不上节奏。

此外，很多企业还面临一个问题，就是如何运用新的数智化技术实现创新边界的突破和商业模式的重塑。这都不是单单依靠企业自己单打独斗就能完成的，而是需要寻找到志同道合的伙伴，大家一起尝试，共担风险，共同受益。所以，技术体系的开放，是企业的必然选择，而与之相应

---

[1] 参见[美]詹姆斯·麦奎维（James McQuivey）:《颠覆：数字经济的创新思维和商业模式》，陈志伟、李融泽，电子工业出版社2016年版，第38页。

的开放式创新生态,也是这轮数智化转型的必然结果。

2.开放式创新是大势所趋

以往的传统企业更多考虑的是面向内部资源的优化,最终形成的是一套封闭的技术体系。但是在数智化转型的背景下,企业需要考虑的是如何构建一个全局优化的开放技术体系,以便在供应商、代理商和客户之间集成相关数据。这是一个漫长而困难的过程。

根据埃森哲对全球18个行业、106个细分市场中1万家上市企业的调研,发现89%的企业都受到数字化的颠覆性影响。不同的行业受到数字化转型的影响并产生了明显差异。[1]

第一梯队是高科技软件平台类企业,实现数智化转型的那一部分正在蓬勃发展,而没有实现数字化转型的企业,早已经消失不见,就更别提数智化转型了。

第二梯队是公共事业、自然资源以及资本市场等行业,它们正在等待数智化转型的到来。为此它们需要做好准备。

第三梯队是已经受到数智化转型影响的行业,比如零售、银行、保险、交通运输等行业,除了一些个性化服务还需要有人工支持,大量流程性或重复性的工作都会被新技术所取代。而且这些行业有个特点,就是数智化的时间持续得更长,会不断更新迭代。

第四梯队是受数智化影响较低的行业,比如生命科学、医疗保健和化工等行业。这些行业使用数字化比较简单,主要聚焦提升前端的客户体验

---

[1] 参见《纯干货!数字化转型和信息化改造的核心差异在哪?》,财智无界,2022年8月16日。

和后端的运营效率。

对于前三个梯队的行业和企业来讲，数智化转型迫在眉睫，而且需要领导者考虑如何结合企业的特征和核心能力进行转型。在这一过程中，为了解决企业内部创新模式遭遇瓶颈的窘境，很多行业龙头开始尝试与外部的优秀资源合作，实现开放式创新。

比如，企业通过直接与产业链上下游合作伙伴、初创企业、高校智库进行合作，共同规划和执行创新项目。对于大企业来讲，这种开放能够形成高效的流程，打破企业内部壁垒，为领导者带来全新的视角和尝试，因而更容易找到数智化转型中的有效突破点，也就更容易实现商业模式的创新。

很多行业的龙头企业对数智化转型的创新有着非常强烈的需求，也非常愿意和合作伙伴一起创新。这是大势所趋。因此，必然要求技术系统的开放，以便为这些行业和企业构建更大、更广阔的平台。

3.案例：华为的技术创新和开放生态

在华为看来，无论是数字化转型还是数智化转型，最关键的因素是技术创新和开放生态。所以，华为就将多年积累下来的实战经验，应用在技术创新方面，采取多项措施，将各国的资源统筹起来建立起一个开放的生态系统。

华为研发的一个宗旨是合作，与国内外合作伙伴开展合作研发，站在巨人的肩膀上，通过引进、消化、吸收的方法，进行再创新和集成创新，发展自主的专利技术体系。华为很重视与国内的大学和科研机构开展合作研究，有的是通过建立联合实验室的方式，有的是通过购买技术的方式，为华为获得了不少创新的产品技术。华为的窄带 CDMA 技术、SDH 光网络技术、智能网技术等都得益于与清华大学、北京大学、中科大、北邮、电子科技大学等高校的合作。

18 年前，华为设立"华为高校基金"，后改名"华为创新研究计划"（Huawei Innovation Research Program，简称 HIRP），是华为长期的开放合作模式和联合创新机制。至今，华为创新研究计划已覆盖全球 20 多个国家，300 多所高校，在全球范围内资助超过 1200 个创新研究项目，包括 2 位诺贝尔获得者，100 多位 IEEE 和 ACM 院士，以及全球数千名专家学者参与该计划，与华为共同实现协同创新。[①]

任正非曾经在华为的内部大会上和其他研发人员讨论过，提出"新开发量高于 30% 不叫创新，叫浪费"的观点，号召研发人员研发一个新产品时应尽量减少自己的发明创造，而应着眼于继承以往产品的技术成果，以及与外部进行合作或购买。[②]

也就是说，在新产品的开发中，如果利用率低于 70%，而新开发量高于 30%，那就不叫创新，叫浪费。因为会增加不必要的成本，还会增加产品的不确定性。所以任正非主张"炸开人才金字塔塔尖，与世界交换能量"，就是要努力推动跨界合作，打开组织边界与专业边界，通过构建开放的产学政研生态圈，以生态创新和技术创新驱动企业和社会的经济发展。

---

① 参见王日晶：《探索无边界，数字化形塑未来》，华为官网，2017 年 11 月 9 日。
② 参见《强调技术只需领先半步，华为式创新为何能成功？》，36 氪，2018 年 5 月 7 日。

第七章
鼓励数智业务创新，
形成数智和谐生态

在数智经济时代，有两个最关键的元素，就是"数"和"智"。从表面意思来看，数智化就意味着"数"和"智"的结合。"数"，就是数字化，实现从消费端到供给端的全链路、全场景、全域的数字化，将品牌、商品、渠道、营销、零售、服务、金融、制造等这些商业要素全部数字化，然后进一步走向"智"的飞跃。所谓"智"，就是智能化。这是基于数字化闭环进行的智能决策，以便快速响应市场需求的快速变化，提出即时的、优化的、智能的决策。

第一节　品牌数智化

在今天不断变化的商业环境中，无论是传统品牌的更新，还是新品牌的成长，都离不开持续迭代、精准命中市场的能力，品牌要想打开局面，需要数智化的支持，来提升自身的竞争力。

1.数智化拉近用户距离

在当下的市场环境中，因为移动互联网、人工智能、物联网等技术的应用，用户和品牌之间的距离似乎越来越近了，但这既不能代表品牌和用户之间的关系越来越亲密了，也不能说明品牌更懂用户了。

站在用户的角度看，由于社交、内容、电商等各大流量平台的出现，使用户能够更早、更直接、更全面地看到并了解品牌。但是站在品牌的角度我们发现，即便有这么多平台改变了品牌的经营链路，也为品牌带来了更多的曝光机会，却依然存在渠道分散、用户识别难、营销场景碎片化、营销效果难衡量等一系列问题。

作为消费者应该能感觉到，一些新消费品牌一路狂奔，在"烧钱"的路上一骑绝尘，打折促销、直播降价等措施，只会让同类产品陷入价格竞争的死循环。即便是流量，也看不到所谓的红利，而且越来越贵，烧钱过后留下的是一地鸡毛。

于是品牌开始冷静思考，流量还是用户的代名词吗？我们如何才能做到在用户积淀的基础上实现用户对品牌的认知和销售的转化，让品牌和销售效果真正合二为一呢？

实际上，影响用户对品牌认知的手段不仅仅限于营销，企业可以从细分赛道切入，也可以通过新产品的开发不断迭代过时的产品，还可以进行品牌的推广，利用数智化手段洞察消费者的实时需求，缩短经过每一个环节的速度。这些因素，都在影响着品牌的寿命。

以产品迭代速度为例，新消费品牌上架的周期已经普遍被缩短到6—18个月。如美妆国际大牌的上新周期普遍在6—12个月，而某个国货品牌可以将上新周期缩短到3个月。所以后者以前所未有的速度满足消费者需求，创造了无数的新机会，颠覆了传统产品上市的时间窗口期，成为如今国货美妆界的"小巨头"。[1]

再来宏观感受一下品牌建设中的其他环节，比如前端的供应链、产品研发、用户需求调研、品牌营销、渠道布局，以及后端的用户运营等，每一个环节的高效和优化都十分重要。

如何做到对每一个环节的精准把控？这就需要品牌对市场竞争环境、用户数据、消费者行为习惯、投放渠道、竞品动态等随时随地地洞察，否则就将面临对营销、渠道、消费者等市场变化预估不足、渠道分配不合理等致命问题。

所以，数智化转型是品牌势在必行的举措，是拉近和用户距离的有效路径。

---

[1] 参见《2020研究洞察：新消费品牌的8大增长驱动力》，腾讯网，2021年1月18日。

2.要对品牌的数智化有清醒的认知

未来,企业要想数智化转型成功,希望自身的品牌或者新生的品牌能够在市场中占有一席之地,首先要升级自身的认知,即对品牌的数智化有一个清晰的概念。

(1)数智化是一种工具,并不是品牌最终的目的。数智化应当是企业领导者具备的一种基础能力和思维方式。

(2)不要过于纠结企业是全部数智化还是部分数智化,要明白数智化的本质是要用数智技术去赋能用户,为用户创造价值,一切都是以用户为中心。

(3)品牌要能为用户持续创造价值,所以不能仅限于以往"顾客永远是对的"和"用户第一"的层面,而是要认识到,在数智技术进步的催化下,品牌的真正属性是为用户持续创造需求和新鲜体验,引领新的生活方式等。

过去品牌和用户的沟通方式,一般是单向的信息传递和告知。到了互联网时代,变成了从信息沟通到信息互动。而今这一方式更需要得到进化,要让用户从知情到许可,最终形成对品牌的信任和互相尊重。

所以,对品牌为用户带来的价值也要重新定义。以往追求性价比,追求迅速解决问题,而今品牌的价值在于为用户持续创造新价值。或许到未来,这一定义还会发生改变。

因此,品牌追求的已经不是降低成本和性价比了,而是打通线上和线下,为用户提供不断新鲜和良好的体验。所以,与用户互动时鼓励分享,不再是吸流促销的造热点,现在更重要的是通过这些反馈数据推动产品和服务持续进步。

3.品牌数智化需要具备的五大条件

（1）看该品牌的所属企业是否拥有充足的资源。这些资源不仅包括有形资产比如人员、设备、技术或者现金等，还包括程序设计、资讯等无形的资产，有了这些生生不息的资源，才能保证企业持续经营，在日新月异的变化中寻找新的机会，不断突破，找到品牌爆发点。

以技术为例，通过技术产品与工具赋能品牌在全场域的战略布局，提升品牌在公私域连接的流转效率。同时利用先进技术赋能动态创意，精准且个性化地触达目标受众，提升媒介效率。再比如，新基建就使得万物智联成为可能，也为品牌实现线上、线下全景融合的营销成为可能。

（2）看品牌能否满足消费者的需要。品牌数智化是以消费者为导向的，所以，个性化比大众化更重要。企业如何对待消费者，也许是一个永远无法"完成"的任务，永远有更好对待消费者的方法。以前没有这么做的原因，也许是技术条件不成熟，一旦技术条件成熟，先行者自然就得到一种全新的力量。这种力量很快就会变成一种品牌，落后者就会面临淘汰的命运。

在这个以消费者为导向的时代，不再是卖方提供什么产品消费者就买什么了。所以品牌的发力点，就需要从消费者的需求出发。如今的消费者，不仅需求更加个性化，而且需求的变化更加快速。品牌数智化的一大优势，就是帮助品牌快速适应消费者和市场的变化，跟上时代发展的步伐。

（3）看品牌是否具有IP属性。消费者对品牌的认知就像一座冰山，露出海面的只是很小的一部分，海面下的部分才是真正深入、厚实的心理感知。

从理智到情感，从情感到情结和集体无意识，消费者对品牌的感知是一层层深入的，越往下越潜意识化，越具有IP的潜意识属性和文化集体无意识属性。

当品牌心智资产积累到一定程度后，品牌就成为具有文化价值的IP：无论是国外的一些品牌，还是国内的某些品牌，都在从品牌发展为文化品牌，成为有文化气质和情感定位的IP。因此各大品牌纷纷布局元宇宙，利用自身的IP优势，创造虚拟人传递品牌理念，开发数字藏品等来开拓新的用户群体等。

越是深层次的品牌资产，越是和IP融合在一起。这样的品牌，企业完全可以做到用数智化的方式，将品牌资产进行累积和管理。因为数智化能加快品牌资产的进度，还可以直接转化为消费者和品牌的网络关系，能够形成数据，实现更好的营销管理。

（4）看品牌是否具有持续输出能力。在数智化时代，没有一套放之四海而皆准的准则，无论品牌过去多么辉煌，做过什么，在当下或者未来也有可能不再适用。不断地推陈出新，突破自身，才有可能在未来的舞台上发挥更大的作用。因此，品牌数智化的前提是企业从领导层、决策层到员工，都有颠覆以往的决心和气魄，做好迎接创新可能带来的最好和最坏的结果的准备。

（5）看品牌能否持续沉淀消费者资产，从而从中不断萃取其商业价值。品牌数智化的过程，衍生、融合出的大数据、人工智能技术、物联网等在营销端的数智化应用，都为企业增长带来了新动力。建立好品牌的数智化基础，就能为品牌持续动态地输入新鲜的全域消费者资产。品牌接收到这些源源不断的可运营人群，就可以通过数智化手段，进行有效激活和深度转化，提升运营效率，从而让企业实现良性循环。

数智化转型的过程注定是艰难和痛苦的，那些抢先完成数智化转型的品牌，必将以一种领先于同行的发展速度，在新一股浪潮中抢先占领市场，快速成长壮大。

第二节　商品数智化

随着电商的爆发式增长和新零售的推进，商品数字化、商品数智化都是现代企业实施数智化转型的必经之路，以便企业更加方便、灵活地搭建和运用信息系统及智能系统。

1. 商品数字化是基本前提

商品数字化是将商品通过视觉拍摄、字段提取等方式获取原始商品数据，并且根据业务需求，将这些原始数据经过设计、编排、输出，形成数字化的商品图文，再通过屏幕端（手机、电视、PC、PAD）直接展现给消费者，最终完成信息传达与交易的整个过程，也包含根据自身业务需要制作完整的商品画像（根据业务标签化）的过程。

以商品的溯源码应用为例。一件商品，在整个供应链上，从原材料的采购，到中段的生产加工，以及后面的库存管理，再到质量检测，乃至物流、经销商管控，最终到达用户那里。这个漫长的过程都可以通过一个信息进行数字化管理，这就是商品溯源码的应用。在商品从原料采购到生产产品最终到达消费者手中的全链路环节中，都可以将相应的信息录入溯源码系统。企业就可以通过这个系统，对商品在产业链中的每一个环节的信息数据进行查询和追溯，方便企业进行数字化信息化管理。

比如在生产环节，企业如果实现了智能化分拣、包装、统计等操作，而且确保每个商品都可以进行二维码贴码，那么这个商品就好像有了一个独属于自己身份的ID，如果哪一个商品出了问题，都可以向上追溯到出问题的那个环节去。

再比如在仓储库存环节，因为有了溯源码，可以实现商品的自动化出入库、盘点查询等作业，而且通过人工扫码，这些操作内容和人员都可以实时查询，以便可以实时动态地掌握商品的库存情况。正是因为数字化，企业的管理者通过一部电脑甚至手机，就可以实时掌握每一个环节的动态信息。

到了销售环节，用户在购买产品时，通过手机扫一扫功能，就可以查询到商品的所有真实信息，包括商品的检测报告、生产企业的资质，还可以通过扫码验证商品的真伪。对于有售后服务的产品，通过扫一扫产品的溯源二维码，即可激活产品保修卡，还可以随时通过手机获得企业的售后服务。

这些都是商品数字化带来的便捷和好处，一方面可以增加全链路的各个环节的透明性，提升每一个流程的管理效率；另一方面也对消费者做到了公正公开，不仅增加了消费者对商品的信任，同时方便企业把握消费者的忠诚度，围绕客户需求做更多开创性的工作。

2.商品数字化的四大步骤

（1）建立主数据商品档案。商品数字化的第一步是主数据管理系统（Master Data Management）商品统一主档的建立。创建并维护零售业务数据的一致性、完整性、相关性和精确性，是商品数字化和整个零售业务相关系统建设的前提条件。比如，统一的品牌编码、仓库编码、供应商编码、店铺信息编码、商品主档编码、年份季节编码、颜色及尺码编码等。主数据是企业整个业务系统基础资料的仓库。

（2）将商品库存数字化。围绕商品库存，可以打通采购管理和货品管理这条链路。比如采购管理涉及订货会、采购合同、订补货合同等，而货品管理涉及采购入库、店铺调配货、库存体系等。如果都能实现数字化，就可以运作以商品的店铺库存为主轴的店铺收发货、店退仓、店转货。建立主数据中心后，就需要先完成采购业务的系统化，这时候企业可以用一些应用软件或者自主研发一些应用软件，让采购订货得以为商品的数字化打好基础。

（3）对商品的全生命周期进行过程监控。商品全生命周期管理（Product Lifecycle Management）在零售行业指商品从订货到生产，干线运输到仓库收货，到城市配送，到店铺收货，到开单销售，再到补货订单，再到生产的整个闭环管理。对于传统零售商来说，最关注的是商品从下补货单到上市的时间。这是衡量一个零售商的供应链整体效率高低的最重要指标之一。如果这个过程能够实现数字化，甚至实现数智化，将带动整个链条效率的提升。

举个例子，某企业的供应链效率就非常典型。它的销售周期是以周计算的，每周有2次订补货，固定会追加50%的补货数量以及50%的新品数量。它的一般店铺都有1500件衣服在售，每周一到周五都会上新，平均4周时间就能把产品全部卖光。这么高的效率和它的过程监控分不开。①

（4）商品物流的数字化。物流的形态是多条产业链构成的网络体系，错综复杂且节点众多，又牵扯信息流、商流、车流以及资金流的交互，其间涉及仓储、货运、监管、结算、保险等多个环节的处理。因此，无论是对于品牌商品还是对于物流企业而言，数字化的升级都不是单线的重构，而是整体网络体系的调整以及协同。

经济学家斯通博士在对美国零售企业的研究中发现，在美国的三大零售企业中，商品物流成本占销售额的比例在沃尔玛是1.3%，在凯玛特是8.75%，在希尔斯则为5%。②如果年销售额都按照250亿美元计算，沃尔玛的物流成本要比凯玛特少18.625亿美元，比希尔斯少4.25亿美元，其差额大得惊人。沃尔玛之所以能实现这么小的成本控制，和沃尔玛的物流数字化有关系。③本书前面已经讲过，沃尔玛是非常重视内外部信息系统的构建和联系。

3. 从数字化到智能化创新

商品的智能化就是让商品在"生命"过程中能够提高数据采集、分析、决策，以及智能处理的能力，帮助企业提升经营决策能力。同时通过

---

① 参见《智慧零售赋能未来之商品数字化》，简书网，2019年1月1日。
② 参见《沃尔玛的采购秘密》，搜狐网，2021年8月24日。
③ 参见《智慧零售赋能未来之商品数字化》，简书网，2019年1月1日。

商品拟人化的智能应用手段，让商品具备智能传播和营销能力，帮助企业发挥商品精准传播能力，实现品牌裂变传播。

以我国的农机企业为例，现在还局限在提升信息化水平和数字化水平，与国外的差距很大。国外使用智能技术应用，让拖拉机后面拖着除草的机器，人类可以和机器对话，其先进程度不可同日而语。

因此，商品数字化只是第一步，要想实现数智化转型，还要走智能化创新这条路。以我国某知名家电品牌为例，该品牌把数字技术、智能技术用于产品的开发，他们对研发模式进行了创新，用工业互联网平台和用户交互，把用户的想法吸收进来开发新产品。以前是先有产品再找用户，现在是先有用户再有产品，将用户的想法吸收以后进行智能化创新。

还有一个例子，是在生产过程中间把数字化技术用到对生产的控制中来。德国的一家工厂生产洗发水、液体肥皂，就考虑了个性化定制。在生产线上配备了电子标签，上面记录了客户的数据，内容有客户希望的颜色、香味等，生产线每轮到一个工位就读取电子标签，使得生产的产品满足客户的期望。① 这就是典型的生产过程的智能化创新。

此外，商品的智能化还可以从包装做起，它是一种商品标识的实现方式。智能化包装让商品具有连续性、交互性和媒体入口特性，使得商品和服务的连接更加便利，通过大数据与人工智能的结合，实现商品智能化的服务和应用，给品牌企业带来增值。

在这个万物互联的时代，当商品具备了完整的信息数据和数据应用，

---

① 参见《李培根：数字化智能化最终要聚焦到产品创新上面》，动静新闻，2019年5月27日。

就可以将更多的智能化的方式嵌入，企业可以通过物联网技术、大数据、人工智能等，给商品的传统商业价值带来创新性转变，使商品由数字化向数智化升级，进而实现商品数智化。

第三节　渠道数智化

如果站在渠道的角度，企业应该如何实现数智化呢？渠道的作用是传递价值，只要把买和卖的问题解决了，渠道的价值传递自然就顺畅起来了。但是渠道的数智化不仅仅是买个软件、建个商城那么简单，也不是去中心化，而是重构渠道关系，提高渠道各个链条上的满意度。

1.数智化时代给渠道商提出新命题

从近30多年的发展来看，渠道商的变化显而易见。无论在哪个时代，渠道商的价值都主要体现在带货走量上。以往一个企业，如果想快速占领新产品市场，就是通过渠道商，让产品快速下沉到三、四线城市。在生产厂商力所不及之处，渠道商的作用就更明显了，可以发挥客户资源优势，在项目实施、产品资讯等方面为企业赢得更多销售额。

但是在数智化时代，特别是2020年之后的"后疫情时代"，促使非接触的商业模式快速发展，因而出现了五花八门的数字化应用场景，传统的渠道面临的挑战是，用户的需求、产品的技术架构等都发生了巨大变化，但是渠道商的改变仍不明显，导致手中可卖的产品不多，而且缺乏专业技术和服务力量，因此，数智化"最后一公里"虽然重要，但是举步维艰。

因此，数智化时代给渠道商也提出了新命题。渠道的数字化，以及数智化升级改造，不是简单的渠道数据线上化，渠道管理也不是团队手上的数字终端接入和轨迹跟踪，而是综合门店、供应链、营销、决策等一整套完整的智能体系，通过创建人、货、场的数据可视化关系，用数据推动商品实现精准分销的过程。

2.渠道数智化的前期准备

（1）搞清楚渠道数智化的本质是什么。以往在互联网基建不成熟的时候，网络还没有那么发达，品牌要想获取用户，如果没有足够的信息量，不仅花费的成本很高，不能与消费者实现即时沟通，也得不到消费者的行为数据。因此，消费者的需求有什么变化，企业不能快速掌握，更无法及时作出回应。

到了数智化时代，渠道的数智化是通过数智技术，让品牌和用户建立连接、发生关系、实现交互，从而提升用户体验，完成销量变现，强化用户的品牌忠诚度。

（2）做好渠道数智化转型规划。首先，领导层要统一认识，因为渠道数智化不是单纯的某个业务部门的事情，需要重构业务流程，要打破部门之间的壁垒，使各个部门之间相互协同才能共进。可以考虑先从容易的业务开始，寻找想改变的积极上进的人，然后选择市场基础最好的区域率先改进。然后，可以组建一支数智化转型的项目组，设定目标，制订方案，既有组织又有分工。在推进过程中，及时发现问题并及时解决。这就需要一个完整的转型规划，主要包括资金投入预算、数智化转型的组织架构及组织分工、阶段性突破的目标及实现的手段方案、业务体系转型的诉求、转型的推进计划。

（3）梳理渠道数智化转型的逻辑。企业要明白渠道数智化的最终目的是为销售业务服务的，是满足销售业务的需求，是为销售业务赋能进而推动其增长。因此，数智化主要执行两个动作就可以。

①将业务数据化。就是实现业务流程的在线化改造，拥有数据采集、加工、存储的基础能力。

②将一切数据业务化。通过对数据的处理分析来反哺业务，为业务赋能，提高效率。这种运营的逻辑就是连接、交互、匹配。

另外，渠道的数智化一定是以用户为中心的。虽然用户不会因渠道而存在，但渠道一定要跟随用户，做到随叫随到。如果把销售链条比作一台机械，用户就是打通渠道链运转的第一齿轮与原始动力，如果用户不动，一切都白费。

因此，一定要注意与用户产生连接。其方法可以参考一物一码，以分层利益为驱动，以操作简单为原则。从用户出发，实现与用户的连接，完成用户画像，绑定终端、二批商、经销商的关系，获取用户数据，掌握产品流向。

3.渠道数智化运营步骤

很多企业在进行线上线下渠道数智化时，主要采用以下几种方式：

（1）实现一切业务数据化。比如目前市面上的产品，都能实现一物一码，因此可以充分利用一物一码连接渠道的各个链条，获取渠道各个环节的数据。当然，这其中要加大投入和宣传扫码的力度，产生的费用有多大也对后续数据会产生多大的作用产生影响。

（2）入驻第三方平台。很多企业都是这么做的。这样做能给企业带来一定的销售额，但是缴纳的费用也是逐年水涨船高，小企业可能负担不起，因为成本越来越高。还有的企业会购买SAAS软件，但这也仅仅是一个销售渠道，能不能真正给企业带来新的增长，或者给数智化带来新变化，尚需要时间来验证。

（3）自己组建团队进行研发。但不是每个企业都有经济实力承担巨额的开发费用，最主要的是相关的科技人才、技术瓶颈也很难在短时间内解决。

（4）和一些数智化公司合作。即从渠道的每个端入口，用技术、数据、运营等赋能这些端口，实现全渠道的数智化增长。以超市为例，仅使用一款免费定制专属的App应用软件或者小程序，就能玩出很多花样。首先是免费定制专属App，基于实体门店位置LBS，打造千店千面，通过全面顾客数字化体系、多元化消费场景，深化门店移动营销模式，利用会员日、品牌日等主题活动，增加顾客与实体店的连接以增强顾客黏性，让顾客实现随时随地随心购。其次是提供数据大屏和数据报表，通过实时数据分析，助力区域超市智慧经营。

另外，数智技术企业还能提供运营赋能，为中小零售企业提供各种各样的标准化模板。这些模板包含会员兑礼、拼团活动、直播带货、节日节气营销等，企业可以依照这些模板进行输出和推广。

第四节　营销数智化

美国百货零售业之父约翰·华纳梅克（John Wanamaker）曾有一句堪称营销界"哥德巴赫猜想"的至理名言：我知道在广告上的花费有一半是浪费的，但问题是我不知道是哪一半。如今，在营销数智化时代，那"浪费的一半"，正在被找到。

1.数字营销进程的五个阶段

当下企业面对的是越来越丰富的数据维度，越来越多的应用场景，这些都是移动互联网带来的产物，是大数据、物联网带来的结果。随着数据的迅速沉淀和积累，中国的数字营销进程也在快速发生改变。总体来讲，这种改变经历了以下五个阶段：

（1）传统的营销（0.5时代）。其主要特征为媒体在没有数据的情况下，百分百依靠自身的媒体流量来为企业方进行品牌宣传。

（2）传统的数字营销（1.0时代）。这时数据百分百还在媒体这边，企业通过媒体数据、媒体模型、媒体流量，来圈选特征用户，在此基础上找到用户更偏爱的媒体，通过媒体流量对广告进行曝光。

（3）头部媒体的数字营销（2.0时代）。这时候有一部分数据是在企业方这边，数据的构成既有媒体数据也有企业数据，但是数据模型依然是媒体模型且只有媒体在用。企业方上传自己的数据到媒体平台，通过人工选取标签,使用媒体模型进行流量优化与投放。

(4)头部媒体的数智营销(3.0时代)。这时的数据构成依然以媒体数据和企业数据为主,但是数据模型依然掌握在媒体这边,只是人工选择标签改变了。这个阶段还有一个重要特征是媒体自建了隐私计算平台,其数据均符合出于保护隐私的法律法规。这样做的结果会产生未来孤岛式的营销。

(5)新一代数智营销(4.0时代)。前面提到"十四五"规划中已经把数字经济作为重要板块进行发展。还有一个重要的前提是2021年全球的九大科技发展中,特意把隐私增强计算作为重要技术提出来。[①]这是第五阶段数智营销的重要基础。在这个全链路数字营销的时代,企业方可以依托更加权威和更加开放的隐私计算平台,和数据方、模型方、企业方、媒体方联合起来,打破"孤岛式"营销,建立起合法合规的营销生态。随着更加开放的隐私计算平台的发展,企业可以实现更高更好的品效协同。

2021年,营销数智化明确了新的发展主流方向,随着国家级数据方的入场,中国的数字经济将迎来更多的新鲜力量,同时AI模型和算法等技术方的加入也让数智营销4.0时代运转起来。[②]在数智4.0时代,我们将拥有更好的数据、更好的模型、更高质量的创意和素材,以及全媒体的流量。

---

① 参见邵文:《全球数据合规与隐私科技发展报告发布:国内首提"隐私科技"概念》,澎湃新闻,2021年12月31日。

② 参见波士顿咨询:《BCG&阿里妈妈:2021年营销数智化趋势洞察报告》,网易,2021年10月20日。

2.企业转型中将遭遇一系列痛点

营销的数智化是营销的数字化和智能化的结合,也是企业数智化转型过程中的重要一环。在营销数智化阶段,是以消费者为中心,满足消费者无时无刻的个性化、碎片化动态需求,是建立在工业4.0、柔性生产与数据供应链基础上形成全新营销方式的阶段。在这个阶段,消费者的愿望也纳入企业生产营销环节,并通过数智手段实现全面的商业整合。

在这个过程中,企业会充分利用数智技术来适应用户和市场的重大变革,从而将大数据、智能化技术应用于企业和品牌营销,重点聚焦深度挖掘生产、管理、服务过程中的数据价值,使得数据服务于生产和营销决策。

企业的数智化转型,大多经历了一个由浅入深、由表及里的过程。在巨额的投入面前,企业当然希望每一笔花出去的资金都有回报,而且能尽快见效。所以很多企业会选择从营销环节切入,然后再从业务增长的目标出发,逐渐渗入运营和决策环节。它们这样做的最终目的,都是围绕消费者构建全链路的智能营销和数据增长。

当然,企业会面临一系列亟待解决的问题和痛点:

(1)企业在数据管理上面临的问题。因为企业存在"数据孤岛",使得不同来源的数据之间难以打通,没有系统性的统一管理,也就很难将这些数据利用好。还有的企业的数据管理缺乏清晰的商业场景,即便投入了成本也看不到产出。通常企业只拥有第一方数据和媒体数据,但对后链路的数据缺乏,就无法进行验证,相应地,就无法输出优化策略。

(2)企业并不清楚全链路的智能营销管理平台可以精细化到哪些业务

场景中，也不知道如何防止用户流失、如何进行消费者全生命周期的管理、如何进行智能化的用户运营。

（3）当下的媒体环境决定了品牌营销是多链路的，平台多、媒体多、代理多、账号多，这就意味着管理混乱，如何能进行一站式标准化管理呢？还有，每年企业因投放大量的广告而产生的数据、当初使用的策略，以及产生的创意等，也是一种资产。这些资产将如何沉淀然后指导后续的营销呢？

所有这些问题最终都指向同一个方向，那就是搞清楚如何真正实现让数据来驱动品牌营销的策略与活动，最终让品牌价值增值。

3.释放数据红利，实现全域智能营销

在传统营销领域，预算一直在收缩，特别是新冠病毒感染之后，很多企业已经没有更多的预算投入传统营销了，只是简单粗暴地想把投入立刻变成产出。因此在智能营销领域，企业的投入依然呈上升趋势。因为智能营销是懂得用数据去驱动，以人为中心，以创意为核心，以内容为依托，实现精准打击、个性化营销的。这是一个释放数据红利的时代，全域智能营销将会成为新的营销路径。

（1）实现全域。因为互联网上的行为一定是碎片化、多元化的，如何在全网各类媒体里面找到真正精准的用户，才是数据背后的能力。我们把它叫作全网媒体和全网潜客。只要找到真正精准的用户，就可以在全网里面找到最精准、价格最低、性价比最高的高潜用户。全域里面有一个重要的概念，就是线上和线下联动的立体营销。

（2）实现全链路。什么是真正的全链路呢？对此，可以理解为消费者行为决策的路径全面覆盖。所以企业在做营销投放之前，要基于大数据制定投放策略，以判断如何投放才是最优的，如何避免作弊的问题，以及如何进行效果评估。通常来讲，消费者的消费过程会经历"产生需求—搜索产品—吸引点击—访问网站—咨询了解—决定购买—分享传播"的过程。在这么长的链路中，企业要学会通观全局，合理布局投放策略。

（3）实现全闭环。在今天，企业与用户的触点非常多。比如App、H5小程序、头条号、微博、抖音号等，这些不同端的用户数据都是企业的数据资产，而CRM、ERP等企业内部系统的数据也是重要资产。这么多的数据，需要跨端打通，相互结合才能成为有价值的应用。所以，企业需要依托一些数据中台来实现数据资产的积累与增值。

当每一次的营销过程中产生的数据都沉淀下来，经过洞察、透视、多维分析、画像刻画，二次营销，再通过媒体的视角、用户的视角、产品的视角进行分析后，这些历史的积累会成为下一次营销投放决策的基础和依据。而且，这些营销数据也会与企业其他维度的数据结合，进一步放大数据的价值。

这就是从数据到数据的全闭环，它是未来营销数智化的利器。

第五节 零售数智化

在零售业，不乏已经通过数智赋能的新零售玩家，更多的是传统零售的"触网者"，在国家政策的支持下，这两类玩家对零售的未来发展趋势的看法基本是一致的,那就是数字经济还是一片蓝海,零售数智化将是未来的发展热土。

1.数智化是传统零售业的生死大考

2018年以来,全球经济下滑,接着又遇到全球新冠病毒感染,这给传统的零售业带来很大冲击。

如果仅仅依靠线下开店来增加获客渠道,不仅成本极高而且效果有限,风险又大。无论是在常规时期还是在非常时期,零售行业的数智化转型迫在眉睫。

告别了互联网式的流量迁移,当下零售行业的转型更多关注的是自身的深度改造和升级。这便是在产业互联网时代大背景下必然要面对的重要考题。通过新技术、新模式来改造传统零售业已形成的固化的业态,为他们打开全新的发展突破口,成为每一个零售企业必然要作出的抉择。

比如直播带货,就是通过技术和新商业模式对零售业进行赋能。它让人们看到了即使是在新冠病毒感染严峻的形势下,依然可以借助新手段来抵御非常时期的风险。从表面上看,直播带货像是一种偶然兴起的风潮,实则是零售行业"触网"的大爆发。也可以将其看作传统零售行业数智化转型的开始,让企业看到传统零售行业与新的技术手段和模式结合之后产生的巨大动能。

然而,这也仅仅是个开始。未来,企业需要把零售行业与新技术、新模式进行更加深入、全面的融合,才能解决当下面临的发展困境。

对于传统零售业企业来说,其内部壁垒严重,用户的个性化需求难以满足,"信息孤岛"早已形成。很多企业自身虽然已经有相当完善的ERP

系统、CRM系统，只是没有把它们集成并融合起来形成一体化的能力或意识，从而让企业释放出更大的活力。

所以，零售数智化不是传统意义上的不断开店，也不是不断招聘导购员，更不是数字化改造和简单的降本增效，而是形成建立在以数字化、数智化为代表的新基建上的新产能，是让数据要素自动参与决策过程。这关系到零售企业的存亡。

2.数智化支持下的新零售

数智化与新零售有着密不可分的关系。新零售，也可以理解为传统零售门店的数字化改造与数字化技术运用所孵化出来的新型业态。如今，给这一业态插上数智化的翅膀，在数智技术的赋能下又有了新的模式。新零售改变了传统的经销模式，不仅体现在数智化转型上，也体现在经营形态转型上。以往传统零售输出的是产品，如今越来越多的零售业开始输出生活方式。

具体来讲，新零售具有以下三个特点：

（1）以消费者为核心。在新零售模式下，以人为主的体验是备受重视的，这就是我们常讲的以消费者为核心。在数智化的支持下，通过大数据、人工智能等关键技术，对消费者进行数据分析，了解消费者个性化、潜在化的消费偏好和需求，从源头优化产品服务供给。

在传统消费场景中，"人""货""场"三元素，通常是以"场"为中心。这就具有局限性。而新零售可以整合这三个元素，给用户带来更美好的体验。随着市场竞争的加剧，企业越来越重视用户体验、用户需求、用户感知，以往直接面向消费者提供产品服务（B2C）的商业模式开始向基于互联网、大数据技术的全新商业模式转变。

（2）全链路价值数字化。在数字经济的大背景下，零售业受到的冲击和变革，不仅体现在市场和销售这一环节，更多的是体现在整个零售行业全产业链的价值重构与资源整合上。比如，当下非常流行的各类短视频、直播、网红 IP 带货和推荐的爆品，都不是一个环节在起作用，而是顾客、品牌、厂商、渠道、零售商一起参与下的价值共创。这种价值共创既离不开每一个环节的参与，也离不开数据和数据平台的作用。

物联网技术、大数据等数智技术，让供应链活动之间的各方数据联系和信息沟通更加紧密，面向消费者的一站式库存管理与配送服务模式不断完善，供应链的智慧化水平、协同效应和自动化效率也显著提升。而线上+线下的一体化深度融合的发展趋势将是未来零售业的必经之路。

（3）人、货、场三要素的协同效应加强。在零售数智化过程中，零售场景中的人、货、场三个要素之间的贯通连接与协同效应进一步得到强化，客户体验也因此得到提升。比如，近些年出现并逐渐开始广泛使用的虚拟现实、增强现实技术，就可以使消费者在购买产品之前能够多角度、多场景地深度模拟、感受和体验产品服务使用的应用场景与功能特色。这种体验会打消消费者因为不熟悉产品而引发的担忧和顾虑，提高购买率，直接影响消费者的购买决策。

3.零售数智化的建设路径

前面提到，数智化会经历三个阶段：一是数字化，二是在线化，三是智能化。零售企业要想实现数智化，首先是将办公、供应链数字化，才能实现数据的储存、传输，从而进入在线化，以便对每一个环节进行在线管理和运营。其次是通过 AI 等数智技术，打通各个环节的技术，以及各个层级之间的信息壁垒，让数据帮助企业进行决策，实现决策智能化。

零售业进行数智化转型之前，要想清楚三个问题：一是战略问题，要搞清楚为什么要数智化，要对未来的趋势有准确的判断。二是从什么点切入。数智化是个系统工程，具体实施时要思考从哪里切入，哪些因素是和企业的战略和零售业绩有关的，数智化转型的重点在哪里。三是怎么确保数智化转型成功，要打造一个什么样的组织模式与数智化匹配。

对于零售业数智化转型，可以从以下三个方面实现：

（1）以消费者为核心，提升数智化服务体验。这里涉及的服务数智化将在下一节详细阐述。未来的消费趋势更加个性化、多样化、品质化，所以要对服务设施进行人性化、智能化改造，规范服务流程。可以运用大数据技术，开展精准服务和定制服务，利用各种网络平台与客户深度互动，建立起高效及时的消费需求反馈机制，让客户体验到更加精细的服务。

（2）以融合为切入点，实现数智化协同。需要企业发挥线下物流、服务、体验等优势，并且与线上的商流、资金流、信息流融合，让全渠道实现智能化、网络化布局。通过发展高效智能、功能便利完备、信息互联互通的零售系统，实现跨区域联动、跨业态互补，降低企业经营成本。借助开放的数智化服务系统，通过跨行业融合，强化协同创新能力，不断拓展新领域，并强化对供应链全环节的高效协调与管控，提高市场反应速度。

（3）以创新为导向，坚持数智化发展方式。强化供应链数智化管理，构建与供应商信息共享、利益均摊、风险共担的新型零供关系，提高供应链管控能力和资源整合、运营协同能力。改变以门店数量扩张为主的粗放发展方式，逐步利用大数据等技术科学选址、智能选品、精准营销、协同管理，提高发展质量。

第六节　服务数智化

在数智化时代，纯实物的商品形态越来越少，而服务能获得更多价值增值。

1.服务数智化是我们未来的生活方式

试想一下，在2030年的某一天，你出差之后乘坐飞机回到北京。18：15，飞机准时到达北京大兴机场。而19：30，你将和家人一起去国家大剧院观看演出。时间非常紧张，你要在从机场到国家大剧院的路上，解决好晚礼服的问题，以便能够穿戴合适，和家人共赴音乐盛宴。

该怎么做呢？首先，你提前预约了网约车。10分钟后，你坐上预约的网约车，车内安装有3D全息视频系统。在这个系统内，你挑选了一家AL生活服务公司，在该公司推荐的共享晚礼服列表中选择了一套晚礼服，并在虚拟试衣镜上试穿，款式颜色搭配都满意后，18：45确认了订单。

你还在车内享用了定制的健康简餐，19：00准时到达国家大剧院。下车后，你直奔更衣间，刷脸打开一个物流服务公司的衣柜，取出刚刚由无人机送达的晚礼服。19：15，你精神抖擞地到达剧院大厅入口，家人也乘坐无人驾驶网约车准时到达，你们挽手步入国家大剧院。

未来人们生活的服务过程都实现了完全自动化和智能化，无论是交通工具，还是购物场所，甚至餐桌、卧室，都能通过裸眼 3D 提供最真实的视觉体验，精确、准时，而且恰到好处。

这只是未来生活中服务数智化为我们提供的便利。如今，数智化正扑面而来，服务将在此背景下创造更多价值，可能发挥的余地充满了想象。

2. 服务模式的演进路线

经济学发展到 21 世纪，对服务理论有了新的认识，认为新的商品经济价值更多取决于商品的使用价值。这一理论将服务放在十分重要的位置。事实也的确如此，在经济价值提升环节中，价值正在由实物产品向非实物产品转移，商业竞争稀缺资源由实向虚，服务的价值正在被放大。

总体来讲，服务的演进路径主要经历了三个阶段。

（1）服务 1.0 模式。在这种模式下，产品和服务的关系是对立的，即产品是产品，服务是服务。服务主要指售后，为产品的使用提供说明和帮助，或者受理投诉等，大多数都是单一的渠道提供服务。比如，传统的家电行业提供的上门维修服务，以及通信运营商提供的热线电话服务等。其典型特征就是，服务只是作为产品的附属被放在企业的成本支出单元中。

（2）服务 2.0 模式。在该模式下，产品和服务是相互协同的关系，具有多渠道和融合发展的特点。这种模式更加强调服务的功能性，因此，服务的内容从售后延伸至售前和售中。这时候服务的作用不仅仅是售后，还可以帮助企业完成销售任务，在让客户满意的同时，维护长期的客户关系。

这个阶段发生的质变是，服务从原来的成本支出变成了利润中心。比如电脑维修、手机维修店铺，它们的主要功能是提供电脑、手机等电子产品的维护和保养服务，它们的内容是在为业主挣取利润，而不是耗费成本。

（3）服务3.0模式。这种模式下，产品和服务的角色发生了质的改变。产品是服务的载体，而服务才是商品的主导价值。因此，对于用户来讲，体验感才是核心，体验的好坏决定了商品价值的多少。

在该模式下，企业要做的是构建精准、匹配的交互模式，优质的体验有利于实现交互的目的，并及时将产品的使用价值呈现给用户。因为体验是一种十分主观的东西，每个人的感受千差万别，因此，用传统的服务模式来提供个性化体验的服务既浪费钱，效果又不好。

如何运用数字时代的新技术，即物联网、AI的模型算法、云计算网络能力，以及对海量数据近乎实时的大规模并行运算能力，构建面向未来的智能商业模式，是所有企业需要面对的问题。服务数智化是这一阶段的必然选择。

3.新服务模式的四大变革

在服务3.0模式下，服务运营模式更加依赖于数据的驱动，以及AI等智能技术应用。数据智能是未来的商业核心，决定了以体验感知为产出的服务模式，因此将需要更多的数据和更快的运算来提升服务的精准度和反馈速度，服务数字化和服务智能化必然相结合。

在此背景下，服务数智化将迎来以下四大变革：

（1）变得更加精准与个性化。未来，真正意义上的以客户为中心的服务，就是数智化新服务这种"唯你独尊"的专享性和精准的个性化。企业要做的是将合适的产品在合适的渠道传递给合适的客户，并且构建精准的服务运营体系，实现资源的最佳配置。

（2）能够快速响应并且具备智能决策的能力。未来市场，每一个人就是一个市场。企业需要具备快速、精确服务到个人的能力，构建无人干预、自动运行的数智化新服务业务闭环，这些都依赖于智能技术的机器学习平台以及云计算网络，从而形成快速响应和智能决策的能力。其中要注意三个关键"即时"：即时收集客户行为数据、即时感知客户体验、即时响应客户需求。人工智能的发展，为这三个关键"即时"的实现铺平了道路。在此基础上，再通过机器智能的模型运算，让智能决策成为可能。

（3）服务具有全天候的便利性和招之即来的及时性。在过去的传统服务模式下，越来越多的服务需求使服务的不平衡性日益凸显，而且越来越多的渠道，使得服务的复杂程度越来越深，这就给跨渠道的服务体验管理带来很大的难度。在智能AI赋能下，云化的服务机器人按需快速部署，跨渠道流程高效运转，服务产能和跨渠道的难题终将成为历史。

（4）让机器成为最好的服务伙伴。交互设计追求的是用户的感知和体验，理解用户，让机器人讲人话，就成为交互设计的首要原则。在服务领域的应用中，要尽量使用人性化的用户语言以减少使用障碍，提升交互的自然度，降低用户费力度、交互费力度等指标，应该成为服务运营过程重点关注的指标。未来，服务运营的目标是体验优先、交互为重，我们要将机器变成"人"，让机器人成为我们最好的服务伙伴。

第七节　金融数智化

作为企业运营过程中十分重要的一环，金融资产的数智化转型也迫在眉睫。相应地，银行业也逐步向数智化迈进。我国国内银行在近几年开始试水数智化创新转型。但是整体上还面临很多挑战，比如缺乏完整的战略布局，没有规模化的落地实施方法，以及没有相关经验，等等。

1.传统银行业竞争格局正在被颠覆

在数智化时代，受到外在世界经济环境和内在国民经济发展趋势的影响，我国的金融行业面临诸多挑战。

（1）在经济环境比较紧张的条件下，我国的金融监管正持续发力。中国金融行业正面临国内经济增长明显放缓，而国际贸易争端的不确定性正在加大的情况，这时营商环境的不确定性增加影响了用户的投资信心，因而对信贷的需求日渐萎缩，银行赖以生存的息差逐渐收窄。与此同时，监管机构在去杠杆的宏观政策指导下开展了一系列以去通道、去嵌套、打破刚性兑付等为重心的金融改革，加大了银行资产质量压力。传统金融模式难以为继，探明新出路迫在眉睫。

（2）新兴的金融公司正在与传统银行争夺利润。比如，一些新兴的金融科技公司，在各个细分领域与传统银行的核心业务展开竞争，比如，支付宝、微信支付等形式颠覆了传统的支付模式。而一些线上借贷企业颠覆了传统的消费信贷和中小企业的信贷模式。

（3）客户行为发生了颠覆性的改变，对数字化的诉求已经成为主流。在数智化时代，消费者越来越成熟，诉求不断升级。麦肯锡最新的亚洲个人金融调研的一项数据表明，亚洲消费者每月线上的交易次数是线下支行的三到四倍，而且有超过一半的消费者愿意将部分银行存款存入纯数字化的银行。[①] 特别是年轻的新生代消费者，更加看重方便、快捷、多渠道的数字化体验，选择银行的标准自然更加偏向于数字化。

这就给传统银行提出了更高、更新的要求，只有顺应消费者的偏好趋势，实现数字化乃至数智化转型，才能重新获得消费者的信赖。

2. 新兴数字金融正在崛起

从PC时代、互联网时代、移动互联网时代，发展到今天，整个世界正在加速进入万物智联的数字世界。这一改变呼唤着金融的数智化，而数字人民币的发行，也再一次印证了数字金融对于未来中国数字经济的长远影响。

建立在科技进步基础上的数字金融正在崛起。技术的发展，对金融服务将产生巨大的影响，将会产生新的服务场景和商业模式。

（1）永远在线成为可能。它的主要特征是实时交互，行为互联，移动端成为客户创新体验与企业内部协同的最佳平台。全新的服务模式会不断涌现。

（2）超级智能在5G助力下覆盖端、边、云，实现分布式的全场景AI，

---

① 参见《银行数字化金融的转型之路：创新VS求稳？》，搜狐网，2021年4月9日。

处处皆可智能合约，迎来实时的全新决策模式。

在万物智联的数智世界，在有超过千亿个物联网终端的条件下，将会激发无数个全新的金融业务场景。这些场景的应用将推动人的银行向物的银行转变，使得产业金融向前发展。

更有意思的是，如今的金融业务已经覆盖多个平台和多个节点，形成了呈分布式协作的主流状态。这种自下而上、多方参与的模式将不断激发全新的商业动能。

所以对金融行业来讲，只有加速升级，才能应对和适应新的场景和新的业态。举个例子，智能汽车和自动驾驶的出现对金融服务意味着什么？这不仅是一个全新的大规模的新产业和新动能，还会催生全新的服务场景，以及进一步的场景裂变。

另外，银行也可以通过直播、短视频等手段进行营销，煤炭行业也进入数字化和智能化转型阶段，而金融仓储也开始依赖智能管理等，这些变化都需要金融机构去适应和构建新的能力。

3. 金融数智化四步走策略

对于国内很多银行来讲，数智化的步伐才刚刚迈出，数智化转型更需要资金的持续投入。鉴于此，国内金融要遵循数智化的一般发展规律，实行四步走策略，不要贪图快进。

（1）明确全行层面的数字化金融创新战略蓝图。明确战略重点，确定哪些领域当领头羊，哪些领域需要做跟随者，并由此制定全盘的行动方案，推动自上而下达成共识。

（2）建立组织、文化、激励等配套保障制度。建立推动战略落地的项目管理专项小组（PMO），跟进并指导具体落实转型举措。以敏捷模式赋能创新，"把听见炮火声的人送到一线"去改造敏捷组织。同时还要为数字化创新匹配专项预算，确保持续资源投入，加大创新激励，引入泛合伙人制度或股权激励等机制，充分调动一线员工的主观能动性，落实"领导挂帅"，提升领导力及决策效率，将创新融入企业文化中。

（3）密切关注创新格局，加强与外部第三方的金融科技连接。主动强化与金融科技的合作，不断寻找数字合作伙伴，布局金融科技生态圈。

在数智化转型的大背景下，金融行业正积极打造数智化发展蓝图，纷纷制定面向未来的发展战略。数据显示，目前超1/3的中国金融企业已经达到数字化转型成熟度的高阶阶段。未来将会有越来越多的金融企业步入数智化转型之旅的优化创新阶段。

未来，中国500强企业中将有过半的企业成为能够提供高品质软件的数智化创新服务商，其核心产出将围绕数字化产品和服务展开，从而为客户不断创造新的价值。

（4）保持开放心态，融入超级生态模式，它将引领金融的发展。在用户需求、技术等不断升级的情况下，新的场景层出不穷，没有任何一家金融机构能够独自应对所有的场景，必须持续地开放合作，共建开放融合的跨界生态。以云原生为例，可以通过持续的技术创新，成就金融机构成为更好的数字化生态企业，携手共建全联结、全智能、全生态金融。

第八节 制造数智化

全球新冠病毒感染之后,我国制造业企业呈现恢复性增长,像工程机械、重卡、纺织、造船、集装箱,甚至自行车等行业的订单爆满,新能源汽车企业也受到资本市场追捧,市值连创新高。但是,我国的制造业依然存在大而不强、产品质量不高等短板。制造数智化是支撑我国制造业实现高质量发展的不二法门。

1.VUCA 时代制造业企业需要积极推进数智化转型

20 世纪 90 年代,美国军方曾用 VUCA 这个词形容冷战结束后的多边世界。所谓 VUCA 指不稳定(Volatile)、不确定(Uncertain)、复杂性(Complex)和模糊性(Ambiguous)。当下世界范围出现的饥荒、瘟疫、战争等,以及国与国之间的贸易战、科技战等,共同造就了当今的 VUCA 时代,而客户需求的不确定性更是给 VUCA 增添了一个重要筹码。

对于制造业来讲,在这种高度不确定性下,其内部的研发体系、生产体系、供应链体系,又必须保持相对的确定性。也就是说,企业内部对确定性的追求和外部环境的不确定性之间存在矛盾。

当下,一些新兴的数智技术给制造数智化带来了很多可能。比如,5G、云计算、工业互联网、虚拟现实、增强现实、物联网的广泛应用等,使得企业在计算能力和存储能力方面得到极大提升,并且大幅度缩减了成本。这些改变给制造业企业带来了新的机遇。另外,创成设计、数字孪生、增材制造技术,以及复合材料技术等,也为制造业推进数智化转型提供了技术保障。

正是这些数智技术,以及一些高端的技术软件,能够帮助制造业企业提升研发能力,以及缩短研发和试制周期,提高产品质量。更为重要的是,企业在借助这些技术提升产品质量的同时,还可以推进设备数据的自动采集和车间联网,进而打造透明工厂,实现对设备状态、生产状况、质量指标和能源消耗等指标的监控。这些都是实现数智化的前提。此外,制造业企业借助物流仿真、产线虚拟调试等技术,可以打造数字孪生车间,通过虚拟对现实的映射,提升企业的制造水平和效率。

在 VUCA 时代,充分利用数智技术进行数智化转型,已经是中国制造业的破局之举,是实现企业高质量发展的积极手段,也是支撑中国制造业创新发展的新动力。

2.制造数智化三项策略

中国制造业正在大刀阔斧地进行数智化转型。这种转型借助的不仅仅有 5G、工业互联网、人工智能等新技术,还需要依赖更多数智化策略来向前推进。以下五大策略,是制造业企业实现数智化的典型途径。

(1)充分利用工业软件,探索制造工艺的更多可能性。建议制造企业在推进智能制造过程中,更多利用工业软件探索基础材料的多尺度、多领域机理,以及关键基础工艺零部件制造工艺的本源机理,再融合大数据、人工智能和传感器等新兴技术,对企业进行数字化、网络化、智能化改造,让这些改造成果在设计、制造、运行、服务等阶段发挥作用。

比如机床行业，可以针对加工机床产生的切削力、切削热、震动、尺寸精度、粗糙度等参数，建立相应的数字模型，然后再通过不断提升模型的逼真度，优化工艺与改进机床设计，解决机械设计中的一系列问题。

（2）用数智技术提升产品质量和生产效率。在第三章我们提到，中国制造业要想实现高质量发展，必须由智能制造来引领，而智能制造也是制造业由数量型经济向质量型经济发展的主战场。为了实现制造业核心技术的自主化、产业链的现代化，以及产业技术的高级化目标，就必须以创新为驱动推进数智化转型。

我国对智能制造十分重视。仅以智能制造的预测性维护为例，目前已制定《智能服务预测性维护通用技术要求》[①]的应用标准，对设备、运维的预测性维护要求进行界定。专家们也多次强调利用数智技术提升产品创新能力。

以新冠病毒感染期间为例，那些已经进行数智化改造的企业，将不利影响减少到最小。例如在上海宝钢，200米长的生产线上只有2名工人流动检视，100多平方米的操作室里分散着几位员工远程操控系统，12个智能机器人承担了所有"危脏难"的工作，无人吊机完成每天10万吨的成品钢卷的调运，成为疫情之下我国制造业勇闯难关转型发展的"灯塔工厂"。

（3）应用数字化平台驱动制造业高质量发展。制造企业实现高质量创新与发展过程可以分为三个层次，一是通过创新从无到有，二是实现从有到优，三是立足高端实现高质量发展。要经过这三个层次，离不开工业软

---

① 国家标准计划《智能服务 预测性维护 通用要求》，中国机械工业联合会，2019年10月24日。

件的支撑，也就是离不开这些数智化的赋能平台。

从"制造"到"智造"，一字之差，却蕴藏着制造业大转型的深层逻辑。信息化早已经不是企业的追求，而是要通过数智化转型，让制造业和现代服务业等实现融合发展，打造出更高端的产业互联网平台和集群。同时，企业也开始追求个性化设计、柔性制造和供应链协同，这些新模式的诞生，将帮助企业在服务化方面进行业务延伸。当企业实现了数字的全覆盖，构建出一体化的业务运营能力时，就有实现全球联动的可能。而这些，都需要业务的全面云化。

以某软件公司推出的数智制造创新平台为例，数智制造的出现不仅能满足制造企业上"云"的各类复杂场景和多样化需求，更能推动企业向高端制造升级、转化。该软件公司还与数字企业合作，打造出智能工厂，从研发到制造实现协同生产，从生产任务派工到调度都能实现在线实时管理，全物料实现条码化管理、货位条码化管理、工站条码化作业管理、生产全流程管控，还能实现工序在线检验（由手工到扫码录系统）。通过数据采集，可以做到实时报工、实时报表统计。这就是平台＋智能工厂赋能制造企业数智化转型的典型案例。

第八章
培养数智复合人才，加速数智转型实现

企业的数智化转型能否成功，战略、业务、技术、组织、文化、人才都很重要。通过对众多企业（尤其是大型企业）的观察发现，企业数智化转型落地的关键阻碍，往往不是在业务和技术上，而是在组织和人才方面。因此，企业做好数智人才的储备工作，构建组织的数智化能力，显得至关重要。

第一节 数智化能力是企业核心竞争力

随着时代的发展,企业的核心竞争力也发生了变化,但是仍然离不开资源和技能两个方面。在数智化时代,拥有先进的信息技术、数智化设备、沉淀的数据作为资源,以高科技的创新人才作为企业的技能储备,拥有这两个方面的能力,企业才敢说具备了基本的数智化能力。

1. 解读企业核心竞争力

核心竞争力指能够为企业带来竞争优势的资源,以及资源的配置与整合方式。随着企业资源的变化、配置和整合效率的提高,企业的核心竞争力也随之发生变化。凭借着核心竞争力产生的动力,一个企业就有可能在激烈的市场竞争中脱颖而出,使产品和服务的价值在一定时期内得到提升。

美国学者普拉哈拉德(C. K. Prahalad)和哈默(G. Hamel)都曾指出,首先,核心竞争力,要有助于公司的成长,能够帮助公司进入不同的市场,是公司能够扩大经营的能力基础。其次,核心竞争力的最终目的,还是为产品和服务打基础,要能使得公司具有创新能力,让产品和服务为顾客创造巨大价值,让顾客能够实现他们最为关注的、核心的、根本的利益,而不仅仅是给顾客一些短期好处。最后,凡是有核心竞争力的企业,都是很难被竞争对手模仿的,是有自己的壁垒的。

因此，核心竞争力是一个企业能够长期获得竞争优势的能力，是企业所特有的、能够经得起时间考验的、具有延展性，并且是竞争对手难以模仿的技术或能力。对于一个国家、一类人才或者某一类参与竞争的个体来讲，核心竞争力的关键点也在于此。

判断一个企业是否具有核心竞争力，最重要的两个要素就是资源和能力分析。辨识企业核心竞争力可以首先从企业的资源和能力入手，从中发现企业的竞争力，然后再确定哪些竞争力能够构成核心竞争力。具体操作可分为三个步骤。

（1）进行资源和能力分析。可以建立一个企业核心竞争力指标体系，根据这些指标的具体表现来判断企业内部、外部资源和技术能力的大概水平。

（2）进行竞争力分析。可以将企业与行业里的其他企业进行横向比较，找出该企业相对其他企业的一些优势资源和能力，并且从中检选出自身的优势竞争力的组合。

（3）进行核心竞争力分析。把这些优势竞争力的组合因素逐一进行检验，看是否符合核心竞争力的特征，是否对企业的发展和战略有帮助，是否与企业的长远规划和目标相一致，对于提高企业的经营管理效率和降低成本是否有帮助。还要看是否能满足顾客需求，其产品和服务是否具有独特性，有助于企业差异化经营管理。最后要看这些组合能否为企业提供更大的市场潜能，能否衍生出一系列可以满足市场需求的产品和服务。

对于以上判断，最重要的两个因素就是看企业的资源和技能。在数智化时代，资源和技能代表了更丰富的内涵。

2. 开启数智资源新动能

资源是企业自身拥有或可以获取并用以提供竞争力基础的资产，包括内部资源和外部资源。企业内部资源是竞争力的前提，主要包括能够胜任某项工作的员工、先进的研发设施、充足的资金、现代化的设备，以及有效的信息系统。企业外部资源则是通过企业联盟、合资企业、内部许可、分包合同等形式，从外部获取资源提升企业自身的核心竞争力。

在数智化背景下，企业的数智资源也包括内部和外部两大类。其中内部数智资源主要包括企业研发、生产、销售等各环节的数据收集、整理、储存的设备和能力，以及相关的软件设施和人才配备。外部资源则包括企业和其他软件公司、数据处理公司，以及与数据中台等平台合作共生的相应配套。这些是企业与相关行业生成的数智化生态系统。

在企业内部数智资源中，企业的领导者是关键因素。无论是最高领导还是中层领导，对于数智化的认知程度决定了企业数智化的战略高度，同时决定了企业在数智化过程中对数据资源、资金、设备等资源的充分利用和优化配置的程度，还决定了企业在数智化组织变革和人才战略，以及新兴技术商业应用等方面发挥得有多好。

而对企业外部资源来讲，随着全球信息产业基础的大幅加强，海量数据源源不断地产生，数智化将从单一环节、领域向产业生态方面映射。打造内部与外部互通、上游和下游联动的数字生态体系，是企业在竞争激烈、更新迭代加剧的数智化时代，提高自身竞争力的有力保障。

企业能否在数智化这条快轨上加速行驶并占领优势地位，就看企业能否合理利用自身内部资源和外部资源，做到和谐共生发展，让它们成为推动企业持续发展的新动能。

3. 让技术应用能力为企业插上数智化翅膀

数智企业核心竞争力的另一大核心要素是技术应用能力。技术应用能力指具备技术特征并且依附于组织以及技术型人才的能力。在数智化时代，一个很大的转变是让用户参与新产品研发，让企业在新产品投入之前就了解和渗透市场需求，快速适应用户日益变化和个性化的消费需求。这就对企业的硬件技能和软件技能都提出了更高的要求。

就硬件应用来讲，企业要学会灵活运用各种数智技术，应通过以下三个方面完成以数智技术为驱动的转型。

（1）利用数智技术，完成对客户服务全过程中的数据采集与分析，形成更加完整的用户画像，为企业获取忠实用户、扩大用户群体、进行精准投放提供有效帮助。

（2）企业通过与云计算、人工智能、大数据等数智技术的互相融合，让数据成为真正可以高效率优化配置的优质资产。在这一过程中，企业基于海量工业数据的实时收集，通过对数据的精准分析，为市场提供符合需求的高质量产品，实现降本增效的目的。

（3）通过数智化升级，整合企业内外部数据，企业可以更深入地洞察自身的经营管理情况。一方面可以促进流程优化，另一方面可以驱动企业作出智能化决策。

就软件来讲，数智化转型的技术应用能力主要体现在对数字化和数智化人才的培育和供养能力上。前面提到，数智化人才在当下的任何企业中都是稀缺的。因为这类人才是复合型的，既要精通企业的业务，又要具备专业的数智化知识和技能，企业对他们的要求非常高。对于企业来讲，人才的缺乏成为数智化转型的一大瓶颈。

正是因为缺乏这方面的人才，企业的要求又高，如果企业能培养出和保留住数智化人才，就等于给自己竖起一道短期内难以逾越的技能壁垒，成为企业的核心竞争力。

第二节　构建数智化能力需要全员具备数智化意识

数智化转型是一项非常复杂的系统性工程，需要把业务和技术结合起来，因此需要企业员工具备数智化意识，在理念上认同企业领导者的数智化战略，明白数据驱动的价值和必要性。

对于企业来讲，即便是很复杂的数智化建设，也都是由基本的意识和习惯向前推进的。只要团队掌握了这些数智化意识，数智化转型就能驾轻就熟。

在数字化时代，无论是企业经营管理者还是普通员工，都需要掌握七种必备的基本思维。

1. 价值思维

技术本身不会创造商业价值，只有将技术应用到业务中，企业才能真正受益于先进技术的使用创造商业价值。如果只是一味地沉迷于新技术的使用，认为只要使用新技术，就已经进行了数智化转型，这只会把很多企业的数智化转型引向非常危险的方向。

追求长远价值，始终坚持价值导向，以企业可持续发展的价值和效益为核心判断依据，有效平衡和兼顾实用价值和长期发展价值，建立覆盖数智化转型重大投资决策、应用决策、成绩评估和绩效考核与治理体系的建设，可以不断激发企业数智化转型的动力和活力。通过启用动态表单、流程工具、商业智能、代码引擎等核心能力模块，帮助企业快速完成数智化应用构建，形成企业业务、营销、管理、生产智能化管理闭环，实现企业全时全域化管理，加速企业数智化转型升级。

2. 网络思维

新一代数字技术的更迭与应用，将我们带入了万物互联的时代，人与人、人与物、物与物、人与机器、机器与人、人与组织、组织与组织之间形成了一张围绕价值且实时化的网络。例如智能家居的应用，我们可以通过智能家居应用平台，用一个 App 软件便可以轻松地连接网络，实现人和家居的互联互通，无接触便可远程控制屋内的家居，包括智能家电控制、智能灯光控制、电动窗帘控制、防盗报警、门禁对讲、煤气泄漏等，同时还可以拓展诸如三表抄送、视频点播等服务增值功能。这些都能让人们摆脱烦琐的事务，提高效率，并实现个性化的用户体验。

从企业经营的视角看，这种连接跨越了工业化和信息化之间融合的鸿沟，打破了现实世界和虚拟世界之间的连接方式。因此，网络思维是一个非常重要的起点思维。

3. 数据思维

进行数智化转型还需要拥有数字化思维，也就是数据思维。当我们身处"万物皆数"的环境中时，人们的生活方式、交往方式、思维方式、行为方式等都会呈现新面貌。数据作为生产要素而成为企业的一项核心资产时，也必定会随着数字化的渗透，对生产关系进行数字化重构，我们的经济活动也将走向全面的数智化。

在中国，数据思维在互联网、新零售、银行保险等行业的应用一直被广为推崇。世界各地也纷纷学习中国。比如互联网大厂在线上零售场景下，对终端用户精准识别、明确用户画像、购买旅程分析、用户行为轨迹追踪，以及个性化的精准广告投放与推送等，已经做到非常精准和细致的程度，可以用"千人千面"描述这个场景。近些年来，大量的数字营销平台相继崛起，对用户在全网的各个用户触点能进行实时抓取，并追踪、分析和反馈给企业，便于企业能精准地制定个性化甚至点对点的营销策略。

所以，无论是B2C业务模式的企业还是B2B的企业，数据思维都是必备的一种思维。当整个组织具备数据思维时，也便于组织抓取、存储、分析并通过数据来进行决策。因而，近些年越来越多的"数据看板"出现在企业中，它们将对企业的经营运作甚至外部市场环境和动态进行实时监控、分析和反馈，以此来支撑企业的整体决策和经营管理。

4.智能思维

我们不得不承认，随着人工智能的普及和应用，很多客户在不同的生活和工作场景中已经体会到人工智能带来的好处。而人工智能对于企业各类业务场景的应用也变得屡见不鲜，丰富多元。

（1）智能化设备代替了诸多具有高危险性、高重复性以及高精密度的人工作业。这不仅可以有效地提升安全性，更有助于提升生产效率。因此，近些年无论是制造业、物流业还是其他不同的工业场景，智能化改造均被提上了议程，中国也因此而涌现了大量的"灯塔工厂""标杆工厂"。

（2）人工智能可以有效地简化工作流程，让很多工作实现自动化，大大提升使企业效率。比如它可以有效地改变我们的招聘流程，我们不仅仅可以设置岗位招聘标准，从大批量地筛选匹配的候选人中实现智能推送，还可以通过智能化手段，实现语音问候、语音沟通，甚至可以通过智能对话来进行面试初筛。

（3）人工智能可以有效地提升客户服务体验，如在零售行业的应用实践中，除了以上所提到的能预测市场趋势，深度了解客户需求，精准推送产品与服务外，它还可以线上线下店铺联动、线下体验、线上支付，还可以实现智能量体裁衣、线上定制、线下取货等，不仅提高了购买效率，为客户提供了便利，还能帮助零售店铺提前了解用户需求，做好库存管理，缓解库存压力，提前识别风险等。

5.共享思维

工业时代的思维是封闭的、线性的和具有可预测性的，而数字时代的特质则是开放的、非线性的和不可预测的。近年来，在资源稀缺和资源过剩不平衡并存的情况下，已经涌现了大量通过"共享"思维获得成功的新业态、新商业、新品牌。通过"共享"思维，共享利用已有的资源，如有形资产、技术、网络、设备、数据、经验和流程等，并通过新的方式实现跨组织单元的协同增效、规模效应和成本节约，并创造新的商业模式，让组织可以实现指数级成长。

随着共享经济模式的普及，许多企业也开始将自身的优势能力或资源采用"共享经济"的模式实现社会化的共享和输出。

比如，某集团通过成立财务共享服务中心，将共享服务理念融入管理创新中，使管理效率和组织效能有了长足的进步。

该集团自2018年7月开始启动财务共享管理咨询、团队组建、财务共享智能平台建设等相关工作。为进一步提升组织效能，财务共享服务中心全面梳理并界定了业财联动流程、业务流程和业务权责，研发了12个业务系统与财务系统的68项数据接口，打通了各类业务系统接口。在此基础上，又从业务内容、管理制度、操作规范等方面建立了标准化体系，不断推动全集团向标准化运营转型。

这无异于一场全新的变革和再造。随着创新的不断深入推进，该集团还从财务共享、全面预算管理、总账报表、会计核算、成本费用、固定资产、税务和现金管理、影像系统等方面入手，上线并优化财务信息系统，覆盖该集团下属的1000多家企业。此外，财务共享服务中心还"与技术俱进"，积极引入最新的RPA（推广应用财务机器人），搭建管理会计共享云平台，采用OCR（光学字符识别）兼容技术，用智能共享等技术进一步提升财务管理效率。

此前处理一个应付工程款的流程要经过各个烦琐环节，全部流程走完至少耗时7天，但现在只需3天即可完成。以往最费时费力的地产集团240多家公司跨区域季度核对工作，现在仅需1天即可完成。过去报销单据不规范、报销内容不明确等错漏问题现在也大幅减少。财务共享服务中心的采用使得财务工作效率提升了70%以上，而成本可以节约50%左右，这是一个非常大的管理创新和突破。

6. 协同思维

协同思维是一种寻找事物相似点或相同目标的自组织认知方式，它既是人类各种思维方式之间在相似点上集中的特征，又是创造性思维系统各要素之间协调合作产生的效应。

协同不仅仅包括人与人之间的协作，还包括人与组织、组织与组织、不同系统、不同资源、不同业务场景、不同产业链环节的协同。

越来越多的企业开始强调"以客户为中心"，但我们始终认为，以客户为中心中的"客户"，不仅指外部客户，也有内部客户，也就是企业的员工。聚焦外部客户的需求，激发内部客户的活力，打造企业的协同能力，打破企业的管理边界，寻求组织内部的协作与共享，打造不同组织间、不同产业链上下游的协同，是企业管理者要积极创造的组织环境。

7. 生态思维

当然，数字技术的应用使我们的管理协同也变得越来越便捷。近年来企业微信、钉钉、飞书、石墨文档等各类管理协同工具层出不穷，市场也验证了其重要性。工作协同、业务协同、跨组织协同、产业协同，乃至社会协同，大家都以新的组织形式DAO自组织的方式开展新型联动，并快速适配市场需要。

这些有机协同所形成的新生态也迫使企业管理者开始思考，是否要更开放、更包容，如何形成新的协同机制，打造新的生态环境，不仅可以让自身获利，同时也能影响整个行业、整个产业。

近些年来层出不穷的产业互联网平台模式就是典型的生态思维模式。产业互联网是基于互联网技术和生态，对各个垂直产品的产业链和内部的价值链进行重塑和改造，从而形成的互联网生态和形态。

比如，某钢铁产业的产业互联网平台就为钢铁产业链提供了涵盖整个钢铁贸易价值链的综合型全产业链服务，包括钢铁贸易、物流、仓储加工以及供应链金融、国际电商、大数据服务。该钢铁产业互联网平台的全产业链业务已全面拓展到一站式信息化仓储加工服务、第四方物流平台、互联网金融业务、国际电商等。它的发展也极大助力了中国钢铁行业的转型升级，改变了钢铁行业的粗放式发展模式，促进该行业从较混乱的"批发制"变革为较先进的"零售制"。同时，该平台建立的数据通道将有利于银行等金融机构快速、便捷、安全地支持上游制造业和下游小微服务业，其建立的跨境零售渠道也将有助于钢铁等工业制造业更好和更健康地走出国门，改变其过去粗犷的出口模式。

因此，产业互联网平台模式不仅仅是生态思维的充分体现，还有为整个生态服务、赋能、创新和升级的作用。

第三节　构建数智能力体系是第一步

如何促进数智化转型呢？在我们的认知中，构建企业转型能力体系应该是数智化转型方案的第一步。

数智化转型能力指企业制定的数字化愿景、目标、规划及项目方案转化为可执行的长效机制和技术平台的能力，并借此实现项目的快速落地和技术创新。企业在仔细思考、理性评估，并且明确数智化转型的关注点后，就可以开始筹备和构建专属于自己的数智化转型能力体系了。这个过程分以下四步走：

1. 诊断企业数智化成熟度

数智化转型评估包含五级成熟度模式，涵盖了企业数智化转型的不同阶段，它既是业务数字化转型逐步成熟的过程，也是IT技术与企业各组件模块逐步加深融合的过程。在不同企业的不同转型阶段，评价指标会有所侧重，但有一些共性的指标应该强调。比如，数智化成熟度评价指标有愿景与战略、业务价值、数字化管理运营、数字化项目管控、技术平台、数据治理、组织与人才等。

2.在企业内部达成数智化转型目标的共识

数智化转型目标可以分为转战略、转能力、转技术、转业务、转组织、转流程、转人才等方面。

转战略指由构建封闭价值体系的静态竞争战略转向共创共享开放价值生态的动态竞争战略。实现这一转变的关键举措包括：一是转变竞争合作关系，由单纯关注竞争转向构建多重合作竞争合作关系；二是转变业务架构，由职能分工形成的垂直业务型转向灵活柔性型；三是转变价值模式，由技术壁垒模式转向资源共享和能力共建模式。

转能力指由刚性固化的传统能力体系转向可柔性调用的数字能力体系。这包括业务创新能力、数字技术应用能力、产品与服务体验提升能力、效率提升能力、员工赋能能力、生产与运营管控能力等。

转技术指由技术要素为主的解决方案转向数据要素为核心的系统性解决方案。转技术的关键举措包括数据的采集、集成与共享，技术的集成、融合与创新，流程优化与数字化管控，以及数据治理四个方面。

转业务指由基于技术专业化分工的垂直体系转向需求牵引、能力赋能的开放式业务生态。转业务的关键举措包括业务数字化、业务技术融合以及数字业务培育等。

转管理指由封闭式的自上而下的管控转向开放式的动态柔性管理。转管理包含四个方面的举措：一是创建敏捷组织架构，二是搞好职能职责的调整和人员的优化配置，三是共建数字化的组织文化，四是重视数字人才的培养与管理。

3.构建数智化转型能力体系

数智化转型涉及数智化技术的应用，转型目标支撑企业新的业务和商业模式创新或变更。如上所述，转型涉及战略、组织、技术、业务、流程、组织、人员等多个方面。所以，企业的数智化转型从本质上来讲，就是实现对员工、对客户以及对物联设备三方的连接，并且在连接之后抓取到实时产生的数据，从而获得由数据驱动的智能化能力。

所以，企业在构建数智化转型能力体系的过程，实际是通过连接解决业务协同问题，在业务协同中产生和积累数据，通过对数据的处理、分析和洞察，进一步驱动业务和运营的过程。同时，对于数据持续积累最终支持更高级别的自我学习，推动业务运营的智能化，并形成闭环持续优化改进。

所以企业在进行数智化转型的时候，连接不是简单地引入物联网、5G等新技术，而是真正希望通过新技术的引入，能够完成物流和信息流、资金流的自动化匹配过程。

而数据驱动和智能化是企业数字化过程中的重要一环。从数据的维度来讲，数据首先要应用于管理和自动化，其次要应用于运营，然后才能从自动化提升到智能化。

在从自动化到智能化的过程中，数据起着承上启下的作用，数据本身积累的数量、数据的质量、数据的全面性等都将直接影响后续智能化分析模型的构建、深度学习的输入和算法优化。没有数据，所有的智能化都是空谈。

4. 数智化复合人才是企业稀缺资源

企业中的数智化人才可以赋能组织，调节组织与人的关系，激发组织的生命力，推动组织创新变革，同时可以提高组织影响力，突破行业天花板，实现企业突破。

培养人才是企业进行数智化转型的关键。领导者会问：企业在数智化转型过程中需要重点关注哪一类型的核心人才和进行人才培养？企业对管理者以及数智化专业人才分别有哪些能力要求？企业可以通过哪些数智化的培训来促进员工成长？这些都是领导者需要面对的问题。

因此，企业都在寻找数智化人才，尤其是寻找既懂业务又懂技术的复合型人才。但现实是，复合型人才很难培养，可能需要5年甚至更长时间。该如何解决人才培养问题？首先要明确的是，数智化人才不单是技术人员，还包括能支持技术人员快速开发软件的架构师等，因此，企业要从以下几个方面着手培养数智化人才：

一是扩大技术人员的规模。

如果想改变企业人员的能力结构，就需要补充足够的技术人员。没有技术人员提供技术技能和对技术的理解，企业的技术基因就很难立住。因此，企业首先希望直接引进技术人才。但此时很多企业都会存在误区，那就是一味地追求高端技术人才，其实大可不必。

因为企业引进什么样的人才，要考虑企业的成本覆盖能力和人力资源结构的设计目标，要让引进的人才发挥的作用与企业的环境相匹配。通常高端人才对自己的目标都很清晰。如果企业没有适合自己的发展环境，即便给再好的待遇，也未必能赢得这些人才的真心。所以不如换个思路，毕竟数智化转型不单单是依靠高端人才领军的，集体的智慧也很重要。因此，企业需要先扩充技术人才的规模，不一定局限于高端人才，一般的技术人员也可以为我所用。

除了分期、分批地引进不同年龄段、不同技能水平的技术人才之外，企业也可以通过开发实践、职业教育，加大对员工的培养力度，有步骤地提高技术人员的占比。数智化转型是"长跑运动"，要做好长期引进人才的打算。

二是培养优秀的业务架构师。

技术的应用，最终还是为了企业的销售和增值服务，因此，技术必然要传导到业务一侧，用来帮助业务提升。对此，大家已经达成共识，即数智化转型必然需要复合型的人才才能推动。

复合型人才，不是单纯掌握了业务和技术两大方面的人才，更重要的是，他们应该能够对业务进行结构化的分析并具有技术支撑的理解能力，对某一个领域的底层逻辑有清晰的认知。复合型人才会探究一个领域的结构、各个组成部分之间的关系、可能的发展方向和变化，以及可能遵循的规律等。他们看待问题非常灵活。这是复合型人才的基本素养。

所以，复合型人才不一定什么都懂，但是必须具备跨领域学习和实践的能力。他们的共同点就是具有架构思维。因此，培养复合型人才，可以先以业务架构为目标进行培养。因为业务架构正好处于业务和技术的连接点上。要在业务架构上一手托着业务，一手托着技术培养复合型人才，也就是培养优秀的业务架构师，这才符合我们对复合型人才的期望。

优秀的业务架构师具备以下四种特质：一是心中有解决方案，具有丰富的经验和解决方案的积累，遇到新的任务时能够很快拿出方案，对行业有整体的把握和理解，眼界开阔。二是具有极强的业务把控能力和理解能力，不仅能够理解并分析业务，还能参与到业务中，并且对业务发展具有前瞻性。三是能够权衡技术思维和业务思维,知道在什么场景下应该偏重什么思维。比如,架构师会考虑:这种架构设计是否真的解决了客户的实际问题?他们会从客户价值上去判断,来权衡技术和业务之间的平衡。四是在具有经验的同时还要勇于创新,能够对业务的未来发展趋势有精准的预判,因此会推陈出新,尝试做出更加具有前瞻性的架构设计,让企业在短时间内实现超越。

这类人才也叫数智化应用人才。他们来自战略、企管、营销、财务、人力资源、生产制造等各个领域,能基于业务运作的实际需要,提出数智化需求。他们会应用数智化技术,并且将技术与业务发展的需要相融合,真正实现数智化对企业的价值创造。

三是通过轮岗制度,让中层干部快速成长起来。

火车跑得快不快,关键还是火车头带。数智化转型战略的成功落地实施,关键还是靠一批有素质、有能力的人才干部队伍,否则想法再好也没有用。而数智化时代对干部又提出了更高的要求。

在激变的数智化时代,企业需要更加敏捷地适应市场需求和变化。在数智化转型之前,企业内部实行科层制管理,细分为不同的职能部门和岗位相互之间分工界面清晰明确,企业可以按照预想的市场需求进行产品设计和研发,然后向市场推广和销售产品。但是如今这样做已经不能赶上时代发展的巨轮了。企业需要根据市场的变化快速调整策略,提供能够满足消费者需求的产品和服务。这个时候,企业内部特别需要相关的参与者能够高效率地沟通,如果相关干部不了解业务,也不懂技术,就很难突破这一瓶颈。

因此,成为复合型人才也是对中层领导干部的要求。中层领导干部成为复合型人才,才能快速作出正确决策,然后下达命令给基层的技术和业务人员，确保专业化分工，才能保证执行效率。通过轮岗制度，可以让这些中层领导干部快速了解各个职能部门的业务和技能，从而更容易实现工作协同。

在这些骨干中成长起来的佼佼者，具备数智化思维，对数智化发展有坚定的信念，并且对企业的业务系统相对熟悉，能够找到企业业务发展与数智化转型的接口，能够加强企业内部、外部供应商、客户之间的关系互动和数据流动，推动企业传统组织方式、运营模式与数智化技术的融合，可以作为数智化领导者。

四是要懂得留住优秀人才。

毕竟企业培养一个数智化人才需要投入大量的人力物力财力，如果不能让其发挥作用，只能是竹篮打水一场空。对于高端的复合型人才，除了给予相应的高薪酬高福利等待遇之外，企业更要注意给予这些人才更高的决策权和更广阔的做事空间，让他们能够有机会把自己的专业设想和企业实际联系起来，进行尝试、创新，甚至试错。

无论是企业通过自己培养还是直接引进，建立数智化的人才队伍都不是一蹴而就的，需要投入大量的时间和精力。这些人才是企业数智化转型的根基和支撑，企业要从精神上和物质上实行双重鼓励，才能让他们真正发挥作用。

第四节　数智化复合人才培养是长期工程

1. 数智化复合人才的界定

数智化转型是"一把手"工程，更是"一体化"工程，是一个"船长"

与"水手"齐心协力的过程。数智化转型需要数智化领导者、数智化应用者、数智化建设者、数智化赋能者共同努力，达成转型目标，如图8-1所示。

图8-1　扫描人才现状，明确转型关键人才及发展目标

一般来讲，数智化领导者是企业的决策者和高层领导者。这些人才首先要建立数字化意识和思维，具备规划数智化转型顶层设计的能力，还要了解业务技术融合的应用领域，为企业明确数智战略及业务创新方向，规划数智化商业模式的转型路径。

数智化应用者一般是偏重于业务的企业中的基层管理者。他们负责开展组织结构的调整与优化，支持数字业务拓展，实现业务技术融合。他们还负责升级数智化产品和服务，改进客户体验，并确保优化运营管理，重构业务流程，支持企业数智化转型战略。

数智化建设者是偏向技术型的企业中基层管理者。他们支持运营优化，以及业务流程的改善，并且全面实施数智化转型战略。这些人才会解决不同业务的"孤岛"问题，打通整合数据与应用。他们还能够改造IT基础架构，提升企业管理效率。

数智化赋能者是组织的赋能顾问。他们可以帮助企业调整适应数智化转型的组织体系和组织文化，还可以引入和培育数智化落地所需的各项人才，并逐渐形成内部孵化能力。

2.开发关键人才的培养内容

以上四类人才是数智化转型能力体系构建的关键人才，在数智化转型中发挥着极其重要的作用。

数智化领导者是数智化转型坚强有力的引领者，其典型群体包括首席执行官、首席数字官、首席信息官等，由他们共同构成具备数智化思维的高管团队。他们的关键任务是如何通过数字化技术引领组织成功转型。

这个领导者团队面临的挑战是，如何达成转型愿景与路径的共识和信心，实现数字化背景下商业模式创新、收入的持续增长（包括数字业务）、以客户为中心的视角和服务体验提升、管理优化与运营效率提升，以及组织变革的引领、内部协同与团队的激活。

因此，数智化领导者需要具备以下能力：数智化思维与洞察、数智战略规划、数智化业务创新、数智化管理策略以及组织变革与协同等。

数智化应用者的典型群体是战略、研发、营销、财务、人力资源业务核心人员。他们的关键任务是探索数字化应用技术如何与业务模式融合，以创造新的价值。

数智化应用者面临的挑战是理解数智化的本质，优化业务战略；理解数智化运营特点，规划数智化运营策略；借助数字技术，提升实时化的数据分析和业务洞察能力；执行管理和运营优化策略、实现效率提升；为团队赋能，激活团队。

所以，对数智化应用者的能力要求也非常高。他们要懂得行业和业务的发展趋势，懂得数智化业务创新，懂得全面管理的优化，比如产品服务创新、客户体验提升、数智营销、管理流程改善、业财融合、人力资源数智化等。

数智化建设者的典型群体，既包括业务架构师、软硬件工程师等传统 ICT 专业人才，也包括用户体验设计专家、大数据专家等新型数智化专业人才。他们的关键任务是通过数智化专业能力的持续提升，打造领先的数智化平台，支撑组织数智化转型。

数智化建设者面临的典型挑战是理解甚至精通某一专业或行业的业务知识，并且掌握人工智能、大数据等 ICT 新技术，帮助组织构建基于新技术的业务分析能力，也要掌握业务与技术融合的典型应用，促进各项业务快速理解并应用数字技术，进行全方位的数据治理。

所以，要求数智化建设者既要了解行业、业务的流行趋势，也要了解数字技术应用趋势（如大数据、人工智能、5G等），还要懂得数据治理、流程优化，并且具备设计思维、项目管理、情商等软能力。

数智化赋能者作为支持部门，代表了数智化转型的氛围营造者、变革推动者和文化转型者，如 OD、HRD、培训负责人等。这类人才的关键任务是寻找、培养数智化的关键人才，在组织内部打造数智化 DNA，逐步实现全员数智化能力提升。

数智化赋能者面临的典型挑战是数智化通识的缺乏、推动组织变革的难度、数智化复合人才缺口的居高不下，以及数智文化基因打造的困难。所以要求数智化赋能者要具备组织变革与协同、数智化人才培育、数智文化打造、人力资源数智化，以及设计思维、项目管理、情商等软技能。

3. 配置与数智化能力匹配的课程体系

这个课程体系需要至少包含八个内容模块。

（1）数智洞察。讨论"十四五"规划下的数智转型新机遇，以及数智化转型与金融科技创新格局，并且做出工业互联网政策研究及行业分析。

（2）数智战略。即讲解价值驱动的数字思维和洞察，介绍数智化转型战略与创新实例，并且建立数智化时代的全数智化转型战略工作坊。

（3）数智组织。介绍组织诊断、组织架构优化和组织的方法论，比如，如何推动变革落地以及数智化领导力，进行数智化人才的界定与盘点，数智化能力体系构建，等等。

（4）数智业务。介绍数智化营销的升维认知与落地实战经验，讨论逆势增长的数智化产品创新，以及体验思维驱动下的服务创新。

（5）数智技术。包括大数据、区块链、云计算、AI、5G技术与创新应用，以及从互联网到物联网、数字基础设施建设、利用数智化技术实现流程优化等内容。

（6）数智管理。包括数智时代的运营管理与创新机制、数智化项目的项目管理、业财融合与数据淘金、数智化时代的人力资源、工业4.0与智能制造、数智化供应链管理等内容。

（7）数据治理。包括数据建模能力提升与创新业务应用、数据抓取、分析与决策，以及数据思维与数据治理等内容。

（8）数智标杆实践。包括金融行业转型实践、传统制造业转型实践、零售业转型实践等内容，其他如介绍互联网企业的数智实践等。海尔、美的、小米、平安、建设银行、博世、宝钢等数智化转型路径与实践经验，都是业界的标杆。

第九章
数智化转型实践先锋

如今，越来越多的企业正在推出数智化方案，以便提高数智化能力，以此提升企业运营效率和增加企业营收。其中，美的、安踏、上汽大通、良品铺子、京东，都是数智化实践的先锋企业。

第一节 美的：利用数智化降本增效

在大家印象里，美的是一个家电企业，但在美的集团以家电为主要业务的智能家居板块只是该企业的五大事业群之一。除了智能家居之外，美的集团还有机电、暖通与楼宇、机器人与自动化、数智化创新业务四大板块。

也许有人认为美的是一家传统的制造业企业，但是如果现在去美的工厂里转一转，就会发现美的早已成为智能化制造的标杆企业，现在可以称为数字化、智能化驱动的科技集团。

美的的数字化转型始于2012年。在经历了几轮变革之后，如今美的正在走向工业互联网和数智驱动阶段。

1."632项目"统一信息系统

首先是数字化1.0，即信息系统一致化。2012年，美的正式启动"632项目"。[①]"632项目"不仅是更换IT系统，而且是一次企业变革，美的实现了三方面的一致性。

一是流程的一致性。整个集团采用一套流程，每个事业部都一样。

二是数据的一致性。美的的客户、供应商、物料等所有数据在集团层

---

① 《数字化与智能化如何让美的蜕变？》，搜狐网，2020年8月12日。

面是一致的。

三是系统的一致性。变革之前的"632项目"系统散落在各个事业部，变革之后所有系统都属于集团。

伴随着"632项目"的实施，美的集团的组织架构也在迭代升级，各个业务部门根据需求不断重组、拆分、融合，为美的集团的数智化转型打下了坚实基础。

2. C2M，以消费者数据驱动

其次是数字化2.0，即数据驱动的C2M。2015年，美的在统一信息系统的基础上，实现"632项目"系统的全面移动化以及智能制造的改造，之后在集团内部全面推行C2M，从传统的"以产定销"转型为"以销定产"，让消费者数据驱动企业的经营生产。

这种以客户为导向的产销模式被称为"T+3"模式，即把产品从下单到交付分为4个阶段——下单、备料、生产和发运，每个阶段都需要一定的周期，T0是下单周期，T1是备料周期，T2是生产周期，T3是发运周期。该模式极大地减少了库存。比如美的洗衣机的仓库面积在巅峰时期有120万平方米，后来逐渐缩减至10万平方米，基本上3天就能完成物流周转。

3. 工业互联网实现"三位一体"

2018年，到了数字化3.0阶段，即工业互联网阶段。美的开始在美的空调广州南沙智慧工厂进行工业互联网的尝试。公司通过智能网关技术，把41类189台设备连接起来，具备了工业互联网的硬件能力。

结合美的在数智化转型中积累的软件能力，以及50年的制造业经验，美的形成了一个"硬件、软件、制造业""三位一体"的工业互联网平台。事实证明,美的空调广州南沙智慧工厂的试点非常成功,劳动生产率提高28%,单位成本降低14%,订单交付周期缩短56%,原材料和半成品库存减少80%。

2018年10月,美的发布了M.IoT美的工业互联网1.0,并通过旗下的美云智数公司,对外输出"制造业知识、软件、硬件""三位一体"的制造业数字化转型解决方案。①

4."四横八纵"升级工业互联网2.0

2020年11月,美的发布工业互联网2.0。通过这次升级,美的工业互联网的能力层更加清晰、更加丰富,形成了"四横八纵"的赋能制造业升级转型格局。②

"四横"指能力层、应用层、商业层和产业层四层能力。其中,能力层通过库卡机器人、美的云提供的云基础设施向合作伙伴开放;应用层包括营销、研发、智能制造和管理领域;商业层引入八大矩阵,在模具、智慧物流、智慧楼宇等方面实现商业赋能;产业层则通过自有的工业互联网平台联合汽车等产业,打造专属行业的工业互联网平台。

"八纵"指商业层的八个子板块,包括美云智数、安得智联、库卡中国、合康新能、美的暖通与楼宇、美的金融、美的采购中心、美的模具。其中,美云智数是美的对外输出工业互联网解决方案的窗口。

---

① 参见陈雪频:《9年投入120亿,美的数字化转型经实》,搜狐网,2022年3月24日。

② 同上。

5. 5G 焕发新生机

此外，美的数字化变革的一个重头戏就是对 5G 技术的广泛应用。2019 年，美的联合华为和中国电信，打造了国内首批 5G 工厂。所有 5G 工厂都由华为提供 5G 设备，中国电信做 5G 运营商，美的负责应用落地。据美的集团首席架构师王文华介绍，美的已经在 7 个厂区试点了"5G+ 智慧工厂网络"。

在 5G 技术出台之前，工厂有三个网络，分别是生产网络、办公网络和安全网络。这三个网络相互独立，不太好结合在一起，容易遭到黑客攻击，而 5G 技术的应用真正实现了"三网融合"。

5G 技术的另一个应用场景是减少布线。美的实行 C2M 之后，订单越来越碎片化，原来的大规模生产要改造成小批量订单模式生产，基本上每半年就要进行一次工艺改造，需要重新布线，不仅成本高，时间周期也长。5G 技术提供了高速无线传输，完全可以取代有线网络。

美的对云化 PLC（可编程逻辑控制器）的应用场景，是一个行业性的突破。以前，美的工厂布置了很多 PLC 控制器，一旦出了问题，就要去现场调试。美的跟华为、中国电信合作后，把所有的 PLC 控制器转移到了计算机房，方便进行现场维修。

美的的安防也是有效运用 5G 技术的一个场景。美的要求在厂区必须佩戴安全帽，必须沿着规定的路线走动。利用人工智能、5G 技术和人脸识别，很容易纠正违规问题。

对于美的来说，数智化转型的本质是降本增效——工厂哪些环节可以用自动化来替代人工，同时成本投入较低，见效又快。美的并不是为了数智化而数智化，而是实现数智化对企业有真正的价值，具体来讲就是提升品质、提高效率和降低成本。

第二节　安踏：落地四大数智化转型项目

安踏体育用品有限公司（以下简称"安踏集团"）从 2020 年下半年开始全面推进数智化转型战略，已经取得了阶段性成果。在数智化转型方面，安踏集团通过推动四大数智化转型落地项目，提升集团的零售力、品牌力、商品力以及平台能力。

1. 新冠病毒感染影响下的数字变革

其实安踏集团在转型之前，已经具备一定的数字化基础，并且经过了两轮信息化规划。安踏集团从 2008 年开始信息化起步。到数智化转型之前，集团的信息化水平已达到了行业中等偏上的水平，但在渠道管理智能化、商品调配智能化以及 CRM 等管理方面还有进一步提升的空间，再加上新冠病毒感染的暴发，让集团开始全面向数智化转型。

安踏集团拥有多个品牌，全国有 1 万多家门店。在疫情初期，门店受到不同程度的影响，这让集团领导者意识到数智化变革的紧迫性和重要性。另外，新技术的不断发展，例如自动化管理、微服务容器化等，都促使安踏集团要在数智化方面有所动作。

2020年下半年，安踏集团启动了数智化转型战略。[①]当时，安踏集团执行董事、副总裁毕明伟表示，对于数智化转型，集团有明确的目标——从消费者体验出发，重塑业务，更精准地定义内容和场景，强化连接和互动，领跑市场。

安踏集团计划通过直面消费者来实现"一个中心三个重塑"——以消费者为中心和人、货、场的重塑，形成从产品开发、运营到营销的良性闭环，推动集团旗下各品牌由"知名品牌"向"至爱品牌"升级，与消费者形成"品牌共鸣"的深度连接。然后对消费者的一些行为数据、偏好数据等进行分析，形成数据的洞察，由此强化与消费者的互动，最终形成数据和业务的闭环。

2.四大项目直击数智化转型

安踏集团将数智化转型的结果作为导向，通过评估，包括与竞争对手相比发现自身业务存在的短板，规划数智化转型的具体目标。围绕四大项目，直接解决业务痛点。

（1）围绕人展开，规划了会员价值项目。这样做的目的，是实现与会员的连接和互动，增加会员的黏性和忠诚度，提高商品的复购率。

（2）围绕场展开，打造品牌私域流量中心（私域指的是安踏集团自己的用户）。安踏集团通过对消费者大数据的精准洞察，加强各品牌的消费者触点，建立品牌私域流量中心。这个项目能够重构全渠道模式，精准定义内容和场景，加强与消费者全方位连接和互动，提升品牌黏性和消费者

[①] 参见《安踏数字化转型智慧|特别策划》，腾讯网，2021年10月13日。

体验。

（3）围绕商品（货）展开，实现商品智能化运营。这个项目以消费者大数据驱动商品运营，逐步实现商品全价值链从自动化到智能化的进阶，提升商品运营效率。

（4）数字中台的构建。为了支撑以上三个项目，安踏的数智化需要一个技术底座，就是数字中台——以平台化的方式，打造一个覆盖全集团、多品牌、全价值链、打通线上线下，并且能够支持国际化业务的技术中台。

目前，安踏集团的数智化转型项目已经取得阶段性成果——会员价值项目已经上线，品牌私域流量中心已经搭建完成，商品智能化项目也在顺利实施中。

数智化转型对安踏集团的业务推动比较明显。在数智化零售管理方面，集团自主研发的零售系统及电商中台系统，可每日实时处理 50 万行销售小票、100 多万条库存移动单据，"双 11"期间的订单处理量超过 1500 万张。

在数智化商品企划设计方面，安踏集团能够利用电商平台的大数据来指导产品设计和研发。在数智化生产制造方面，安踏服装数智化智能工厂在行业内率先实现全流程贯通，从原材料到成品，再到包装，实现一体化的智能制造。

在数智化用户运营方面，安踏集团打通了旗下多个品牌，打造了以 7000 万会员为核心，覆盖 2.5 亿消费者数据资产的庞大私域流量池。

在数智化 ERP 平台方面，该平台可帮助安踏集团实现流程贯通，供应链高效运转；通过精细化运营，支持零售升级；通过数据洞察，开启智能化决策。

3. 数智化是长久之战

数智化转型不但是一个系统性的任务，还是一个长期的战斗。未来的数智化将更加注重企业的敏捷性能力，构建敏捷性体系。在长期的作战中，企业应该注意数字化和企业业务之间的连接，制定明确的可量化的目标，实现业务场景内容与数智化架构完美耦合，循序渐进，不断取得价值。安踏集团的数智化转型可以给企业以下几点启示：

（1）企业上下同心同德，达成共识。"爱拼才会赢"是安踏企业文化中的精神内核。安踏集团特别强调爱拼、会拼、敢赢，同时集团内部有"铁军文化"，主要体现在不断提高执行力，强调令必行、行必果、战必胜，强调结果导向和高质量的协同。

除了管理层的共识外，还需要争取一线员工的支持。一线员工，比如终端的店长、店员是直接贴近消费者的群体，需要数智化工具支撑。转型过程中，企业应该避免应用数智化工具给这类员工增加负担，他们需要的是赋能。

（2）时刻保持为企业增长创造价值的目标感。数智化不是搞科研、搞算法，而是服务于企业的战略方向。数智化就是企业从产品到服务、"从孤岛"到打通、从经验到智能的演进过程。数智化转型是通过数智化赋能，助力企业业务，不断创造价值，推动企业持续发展。

（3）坚持高标准对标，保持开放心态，避免闭门造车。与信息化相比，数智化建设的广度、深度和力度都有所加强，企业不仅要坚持高标准和持续投入，还要与合适的合作伙伴、招聘优秀的人才共同来解决问题。

（4）将长期目标分解为若干个项目，快速迭代，小步快跑。数智化转型是一条漫长但带有阶段性的发展道路。数智化长期的战略项目要和短线的项目相结合，通过快速迭代的方式推进，在此过程中要针对市场变化不断调整和修正长期战略目标。同理，运营方法和工具应追求"更好"，而不是一次性的"最好"。

第三节　上汽大通：C2B模式打造智能制造标杆工厂

为应对全球消费者日益增长的个性化需求，上汽大通汽车有限公司（以下简称上汽大通）秉承"定制化、智能化、国际化、年轻化"的品牌理念，积极探索并实践汽车行业的C2B大规模个性化智能定制模式，以用户需求为中心驱动整个制造体系智能化升级。从车型的开发阶段开始，让用户深度参与全过程，并且打通了产品、用户需求、制造过程中的数据壁垒，能够准确响应用户定制的个性化需求，最终实现企业的全价值链数智化在线。

中国汽车产业经过近30年的快速发展，基于B2C模式的产品技术和用户服务越来越进入同质化阶段，消费者已经不满足于企业按照统一的模式来生产同一类产品，现在的消费者更强调个性化消费，"把汽车作为个人的情感寄托和生活的伙伴"，所以定制生产是今后的一个大趋势。

此外，汽车在向移动智能终端、储能单元和数智空间转变，智能互联和数据共享将使汽车成为更为丰富的生态空间。在这种情况下，传统营销与互联网营销模式也在结合，单纯地以线下4S店的方式营销已经受到了一些挑战，线上线下的融合使得汽车营销也进入智能化、数据化的新模式。

1.建立数智化业务转型架构

在企业组织架构层面，上汽大通原有职能化部门组织结构转化成以用户为中心的组织结构，需要数字化、智能化来驱动流程变化。上汽大通对组织流程进行了再造，将逐级汇报的科层结构组织转变为以用户为中心的流程型组织。

以数智化应用覆盖业务场景、以敏捷性团队作为推动主体，信息和数据在企业内快速流动，员工可即时参与企业的运作和管理进程，以员工为驱动力，提升企业整体的业务运营和服务能力，最终达成"我的平台我做主"的平台愿景，不仅为企业员工，更为外部合作伙伴和用户赋能增值。

2.建立以用户为中心的开放式运营平台

首先是定义用户的参与范围，重视产品配套服务。针对整车产品研发过程，公司基于产品化运营思维建设了数智化用户运营体系，成为同用户进行直联互动的触点，使包含"车型定义""设计开发""汽车试验""用户反馈""用户定价""蜘蛛智选"六大阶段的C2B战略可以真正落地。

上汽大通MAXUS App、微信小程序等用户触点，实现实时车辆使用指导、维修保养提醒，帮助用户及时寻找到符合自身要求的服务站，并实现维修保养过程的透明化，让用户更加便捷和放心地使用上汽大通产品。

其次是挖掘自媒体网络价值，实现自动用户积累。上汽大通建立了以用户数据收集和积累为初始目的的我行MAXUS数字化平台，通过不断吸引粉丝、展示企业产品，建立了上汽大通媒体的宣传能力。上汽大通还通过主流的38个自媒体平台，发布推广企业员工自产内容，各平台用户总数已突破700万。

再次是铺设开放式设计路径，满足个性化设计需要。为了快速实现用户个性化产品需求的设计，上汽大通搭建了3DE生态开放的在线数字研发环境，充分利用内部和外部资源。

3.建设满足客户定制化需求的研发制造一体化体系

（1）打造移动端选配器，创新订单实现模式。上汽大通提供公司全车型用户自定义选配功能的"蜘蛛智选"平台。通过支持智能选配、互动选配、极客选配、现车选配等多种选配模式，在告别"线上看车，线下购车"的传统方式的同时，养成适应不同类型用户的使用习惯。通过提供从选配到下单、支付、排产、制造、发运直至提车的全流程在线跟踪，让用户获得全新的移动购物体验。为丰富感官效果，手机移动端搭载业界领先的3D展示，实现用户实时观看和对比自己所选配置的实车效果。

（2）实现订单信息全透明化，优化内部排产、排程。为了提升订单交付期的自由度及灵活性，建立日历订车模式。可以把订单、产能、排产计划、制造过程、运输的数据等在线透明化，用户可以对车辆进行全生命周期的跟踪，包括下单、排产、车身制造、油漆制造、总装制造、入成品车库、发运、在途路径跟踪等，有效获知全过程信息，实现交付透明。

（3）实现日生产计划及各车间生产序列的优化。在智能排产方面，用户订单下达即进入生产准备阶段。订单信息从销售端传递至OTD后，会综合SAP、MES、WMS、SCM等系统中的订单交期、产能、限制条件、物料供应等信息，通过复杂的算法，初步排定日生产计划。随后，通过APS智能排程系统根据限制条件、JPH、制造工位排出各车间最优生产序列。通过两段式的排产模型，能够做到权衡各约束和限制条件，获得最优解。

（4）推广数智化工艺平台，缩短产品与制造周期。为了满足用户个性化定制要求，上汽大通建立了数智化工艺在线管理系统，实现现场可视化工艺指导，同时将系统推广至全系车型使用；引入虚拟仿真平台，提升制造数字化，从工位入手，实现设计和工艺的数智化验证，减少实物造车问题，提高生产效率；进一步提升制造的柔性化，为交付需求的快速响应提供保障。

通过数智化工艺平台把设计方案转化为制造方案，并通过虚拟仿真系统反复验证设计方案的可行性和经济性，验证合格后再形成作业标准，发放到MES系统。MES系统会根据生产计划的安排，把当前生产车辆的作业工艺发送到IMAP系统。现场作业员则通过IMAP系统获取当前车辆的工艺说明，按单组装，从而提高生产效率，降低错装风险。同时，完善柔性智能化生产，升级定制化制造策略。在用户参与选择交车日期的场景下，现场操作人员和质检人员工作任务防错同样是制造的难点。上汽大通从OTD闭环入手，统一数据口径及指标定义，通过OTD数据打穿传统跨部门业务流程。用户在下单后即可获得OTD交期日期，数字化生产线同步接受日期后进行排产，确保个性化产品的制造得到快速响应和实现。

在排产、制造工艺，及智能质量保证系统方面，确保个性化产品的制造得到快速响应和实现。在整车的制造中，现场的装配工人、自动化设备及生产对象整车的精准协同，准确地将每一个客户订单的工艺信息、车辆配置信息及物料信息高效、准确地传递到制造现场，完成客户与每一个制造单元的直连，为大规模定制化生产建立基础。

数智化工位打通了"产品数据—工艺开发—现场工艺指导"全过程的数据传输，能够快速响应工程更改，以可视化的方式指导现场装配，提升装配的准确性。每辆车靠近工位的时候，工位屏幕上会为现场操作人员显示每辆车的安装零件及制造工艺信息。

通过智能设备、AR影像识别、AI智能识别等技术的综合应用，建立生产线上的生产防错与纠错系统，结合实物特征和生产序列，实现了对C2B重点零件错误的自动分析预警，并给出智能的解决方案，对整个纠错过程进行追溯管理。实现实时校验订单需求、线上物料、生产序列、线上车辆的对应关系。

最后通过创新配置清单扫码质检模式，保障车辆与订单的一致性。在质量控制过程中，制造质量管理系统能够提供每台车的主体配置信息，质保检验人员按照配置清单就可以对产品进行功能性检测和目视化检查，整车通过质量检验后入库。物流人员通过扫描VIN码就能立刻匹配用户订单与车辆信息，每台车还将通过车载GPS或者运输人员的手机进行全球定位。

上汽大通还专门为之打造了App平台帮助物流管理人员实时查看车辆位置和运输进展情况，以确保信息及时回传，并监控任何意外状况。这一整套数智化措施保障了从生产到物流再到交付的产品准确性，即便每台车都有上百个不同的零部件，依旧能够保障交付车辆与订单需求的一致性。

4. 打造连接和敏捷协同的供应链

（1）打造共享数据平台，实现跨企业实时互联互通。在传统的信息化场景下，主机厂的订单、预测数据仅向一级供应商发布，下层级供应商信息传递迟滞,导致备货延迟甚至错误。上汽大通打造实时的、跨企业的、互联互通的共享数据平台,把用户在"蜘蛛智选"上的选配数据,包括上汽大通、一二级供应商企业内的 BOM 数据、库存数据、生产情况数据等,实时共享到统一的数据平台,最大程度减少供货提前期,避免"牛鞭效应"①。

智能供应链数据在线平台,打通主机厂和多级供应商之间的信息渠道,确保信息及时透明,提高供应链数据的准确性,指导供应链有效备货;对能级强的供应商通过供应链协同方式进行直联,提高供货效率;对能级低的供应商通过提供系统平台和工具帮助其构建能力。

(2)设计独特协同供应方式,提升物料供应响应速度。上汽大通与主要供应商协作,通过推进模块化项目,实现产品模块化设计、生产,以提升对消费者新需求的响应速度。以线束为例,从工程设计开始就将线束进行模块化拆分,生产车身时,把相应车号和模块号发给供应商,供应商按单生产,送货到大通以后,线束单件按车辆存放,打破传统按零件号品种存放的方式,经排序后再上线。确保整个供应链上无任何多余的线束,每一根线条都有其对应的车辆,做到"零库存"。同时,工程更改不必再考虑库存切换,这极大地加快了工程开发的响应速度。以座椅为例,利用主机厂实时共享整车订单数据,直接指导座椅供应商生产,实现与主机厂整车的零件生产同步,做到供应链"零库存"(所有成品库存都与主机厂整车一一匹配,无冗余库存)。

通过以上四个方面的努力,上汽大通的数智化转型初见成效。工程模

---

① 参见《牛鞭效应》,百度百科。

块化设计能力大幅提升，支持产品全配置管理，形成大规模可配置的产品策略，覆盖80%的客户定制化需求；建立以用户为中心的交互平台，精准描述用户画像，提高转化率，降低营销CPS，产品CPS同比降低20%。通过大数据分析，建立订单与工厂生产状态的实时匹配，提高库存订单方式的订单满足率至76%；建立智能生产管理系统，形成柔性化在线制造能力，通过提升智能化，库存减少54%。销量稳步上升，持续保持60%以上的复合增长率，特别是进入2019年以来，实现了连续11个月的单月销量逆势增长，累计销量同比增长38.97%。[1]

综上所述，可以总结出上汽大通智能制造的三大亮点与模式：

（1）洞察用户需求，打通运营与制造过程中的数据壁垒。在C2B智能定制模式下，通过互联网平台进行数智化的用户运营，吸引用户参与整车"定义、设计、验证、选配、定价和改进"全流程，提炼与分析用户行为数据，推动新产品开发及产品迭代；同时，通过"蜘蛛智选"平台，打通产品、用户需求、制造过程中的数据壁垒，准确响应用户定制的个性化需求，实现企业的全价值链数智化在线。

（2）建设研发制造一体化体系，实现交付需求的快速响应。基于智能营销、智能研发、智能供应链、智能质量等业务数智化改造和用户交互体验技术提升，上汽大通对C2B时代的数字化工厂体系化持续建设和升级，实现了所有系列车型的大规模个性化定制，还通过数字平台打造了价值链（营销、研发、制造、供应链）的互联互通，形成新的竞争优势，创造出

---

[1] 参见《上汽通用发布全年销量 2022年将加速转型》，腾讯网，2022年1月7日。

新的企业价值。

（3）建立供应链数据共享平台，实现跨企业的敏捷协同。C2B个性化定制生产模式对混线生产切换速度和频率提出了更高要求，需要整个供应链的协同。上汽大通建立的供应链数据共享平台，能够支持多种相似产品的混线生产和装配，灵活调整工艺，适应大批量、多品种的生产模式，实现敏捷协同制造。

第四节　良品铺子：全面拥抱数智化转型

2020年2月24日，武汉企业良品铺子正式登陆A股市场。[①] 在新冠病毒感染的影响下，良品铺子能够上市，和其持续推进数智化转型有很大关系。

1.信息化建设为数智化打好基础

因为很早就意识到数据对企业发展的重要性，从2015年开始，良品铺子就在数据领域发力，持续加大在信息化建设方面的投入。到2017年，良品铺子已经着手从传统的信息化建设向数智化转型倾斜，并且取得了阶段性成果。

经过多年的信息化建设和对数智化的探索，良品铺子已经基本实现前台系统灵活覆盖、中台系统高效集成、后台系统稳健支撑的"前中后台信息化系统"搭建。

---

① 参见吴苏：《良品铺子成为疫情期间湖北上市的首家公司，风投女王一举狂赚45倍》，华商韬略，2020年2月25日。

截至 2020 年 4 月,良品铺子完成了 12 座仓库的信息化建设、42 套信息系统集成,实现了 99% 财务自动化对账和 499 项流程标准化,建立了 200 万笔／小时的 OMS 订单系统处理能力,同比上一年增加了 25%。此外,还形成了日均百万单的物流系统发货、复核、揽收能力,可支撑线上单日交易超过 600 万笔、线下单日交易超过 150 万笔。[①]

随着数智化基础设施的建设与完善,良品铺子在此基础上,从容镇定应对新冠病毒感染,启动了"门店无接触互联网＋业务运营"的模式,即便是在用户和商家没有什么真实场景交流的情况下,也能持续为消费者提供服务,进而持续获得收益。

这种"门店无接触互联网＋业务运营"模式,主要分为两大类,第一类是围绕单个门店,基于微信平台运营周边 3—5 公里范围内的小区社群,为其中的消费者提供服务。第二类是布局各大外卖平台的 O2O 网络,将产品覆盖到更加广阔的范围。通过这两类路径,良品铺子的门店即便是在疫情期间,也可以提供以社团团购和外卖等无接触式的服务,来满足不同地域的消费者对零食的需求。

2. 数智化过程中如何实现"三化"

对于良品铺子来讲,数智化转型之路是一个从宏观到微观,不断发展、不断优化的过程,因为零售行业要想增效,必然是要经历持续不断的更新迭代,去适应消费者的喜好和市场日新月异的变化。在数智化转型过程中,良品铺子做到了"三化",脚踏实地走好每一步。

(1)业务在线化。以业务中台为例,良品铺子根据自身的业务特点,

---

① 参见《良品铺子牵手阿里云数据中台 继用 quick Audience 收获惊喜后还有大动作》,经理人网,2020 年 8 月 13 日。

将业务中台划分成了七大块——会员、营销、商品、库存、订单、渠道、物流。根据这些业务的重要性和紧迫性，以及相关业务系统的成熟度，良品铺子制订了一个分步骤实施的计划。

（2）运营数据化。以商品规划为例，良品铺子在进行新产品开发之前，首先要对行业趋势有所了解，其次要洞察整个市场，了解竞争对手，了解竞品，以及用户评价信息。这些都是非结构化的数据，要想运用好这些数据，需要运用很多分析工具。

因此，良品铺子从产品规划到新品定型，都是一边研发一边迭代的结果，通过大数据的不断交互和迭代，取最优化的那个。

一个典型的案例是，2018年足球世界杯期间，良品铺子通过全网舆情数据捕捉到了"藤椒"这一热词，由信息部门整合自有和第三方平台的销售数据，圈选目标人群，分析他们的喜好和需求，进行销售预测，最终确定了以川湘为目标市场，开发以"冷锅串串"为原型的"噜辣杯"，然后交付给商品部门执行产品开发。产品一经推出，就获得了良好的市场反馈。[1]

（3）决策的智能化。以往良品铺子在策划营销活动时，主要依靠营销人员以往的经验和直觉来作决策，对销售的预测也是凭感觉和经验。有了信息化建设和数智化方面的积累和探索之后，良品铺子已经将一些智能化决策模型和数智化能力，刻进了企业运营流程的基因里面，成为企业运营的一项基本因子。

以销售预测为例。从销售预测到产销协同，输出整个营销计划和供应链保障计划，准确率得到了大幅提升。把过去人工进行的销售预测，细化

---

[1] 参见葛伟炜：《良品铺子：将数智化转型进行到底》，参考网，2020年11月3日。

到每个SKU。使用销售预测模型后，准确率能够达到70%以上。

3. 借力数据中台实现全域洞察精准营销

零食品类面向的消费群体非常庞大，全国十几亿人口都可以看作是良品铺子的潜在客群，但另一方面，零食又是一个随意性购买特征非常明显的品类，大多数人平常不会想着去买零食，但如果刚好有一个零食货架在他旁边，他很可能就会购买。

零食市场的竞争非常激烈，而消费场景也在不断丰富，如果是用原有的数据基础设施，并不能完全解决数据及业务层面遇到的困难。比如，原有的数据还没有形成集团统一的经营分析体系，也缺少对数据的解读，以及与之配套的策略和智能化应用。

2021年，良品铺子产品多达1400多种，全渠道会员已突破8000万，覆盖了2400多家线下门店，还有天猫旗舰店、饿了么、微信小程序、自营App等90多个线上渠道。复杂的业务结构，在原有平台架构上运行起来十分困难。将不同渠道中的会员信息打通，最终实现以用户为中心的精准化全域营销，是良品铺子首先要解决的难题。[①]

这也意味着像良品铺子这样的专注零食品类的零售品牌，如果要实现业绩增长，就必须覆盖尽可能多的渠道和场景。

所以，良品铺子准备将数智化转型推上一个新台阶，就是将企业原有分散的数据系统进行分类和连接，打通企业内部运营、生产、管理等各个环节的数据系统。因此，良品铺子运用了数据中台的生态。

比如，良品铺子运用数据中台的核心产品之一 Quick Audience，进行

---

① 参见《良品铺子牵手阿里云数据中台 继用quick Audience收获惊喜后还有大动作》，经理人网，2020年8月13日。

消费者人群洞察及精准营销,其中过程数据又能够通过 Quick BI 进行可视化实时展现,在一定程度上拓展了数据的利用率及精准度。

此外,数据中台还可以帮助良品铺子打通实体店和客户端,通过线上的手机端 App 就可以为实体店引流。比如,在广州和深圳的消费者只要身处良品铺子实体店 3 公里范围内,打开饿了么软件即可收到附近实体店的信息和商品推荐,并可以通过饿了么软件随时轻松完成下单。

同时,针对实体店 3 公里范围之外的消费者,良品铺子也通过手淘轻店进一步拓展同城购场景,消费者在手机端便能享受与实体店一样的购物体验。

这种解决方案在一定程度上帮助良品铺子提高了从人群洞察到精准营销再到新客获取的能力,形成消费者闭环,也将一些只喜欢在线上购买良品铺子的单端偏好消费人群,发展成了线上、线下多渠道购买的多端消费人群。

第五节　京东:构建数智化社会供应链

2020 年,国家"十四五"规划首次将数字化纳入产业体系,提出要加强推动数字经济和实体经济深度融合。[①]

2020 年 11 月,京东举行全球科技探索者大会,首次对外系统地阐释了未来 10 年的新一代基础设施建设——京东数智化社会供应链,指出了该供应链的数智化、全链路、社会化三大特征,以及深度技术(Deep Tech)、

---

① 参见《从"十四五"规划看战略性新兴产业系列——新一代信息技术产业》,腾讯网,2022 年 1 月 17 日。

深度链接（Deep Connectivity）、深度数据（Deep Data）、深度认知（Deep Intelligence）、深远目的（Deep Purposes）5D属性，同时，还指出了数智化社会供应链的发展路径、技术发展趋势以及技术赋能新业态的要求。①

1. 推动数智化社会供应链的五大关键技术

作为一项重要战略任务，京东的供应链数智化转型在未来10年内将取决于人工智能、物联网、区块链、自主系统、下一代计算这五大关键技术。

（1）人工智能。未来10年人工智能将在机器学习、机器视觉、自然语言处理等领域的基础理论和关键技术上取得重要突破，从而加强AI的可信赖程度，人工智能的"头雁"效应也将得到充分释放。通过AI技术的演进，世界智能化程度将不断提升，实现深察世界、人机共生的目标。

在人工智能领域，京东打造的智能人机产品"言犀"，融合了京东自身10年客户服务与营销实践，是业界领先的全链路AI能力的服务数智化平台级产品。

（2）物联网。从物联网的技术发展趋势来看，未来物联网设备、5G通信技术以及边缘计算技术的快速发展，将使物联网实现更全面普及，数字孪生世界将成为可能。物理世界与数字世界实现融合，信息通畅地在两个世界之间流动，人、物以及服务的自由交互将有效促进工业化与信息化的融合。

在物联网领域，京东京鱼座生态品牌是智能家居领域唯一一个具备开放设备控制能力的品牌，已为230多家品类、1000多家品牌商、4000多种产品提供服务，连接超过1.5亿台设备。

（3）区块链。区块链的密码算法、共识机制、分布式存储、安全保护

---

① 参见《京东物流首发"京慧"，探索下一个供应链"十年"》，网易，2021年1月18日。

技术,在保证数据可信可靠传播中扮演着重要的角色。区块链将成为产业数智化的可信连接器,将构筑起以互信合作商业模式为主的数智化供应链新模态,形成人与人之间完全信任、共享共建的新社会生态。

在区块链领域,京东可以对全供应链的商品信息进行整合,实现食品、二手商品、奢侈品、药品等商品溯源。截至2020年底,京东智臻链防伪追溯平台已有超10亿级落链数据,1000余家合作品牌商,逾750万次售后用户访问查询。①

(4)自主系统。从自主系统的发展趋势来看,在复杂开放的场景下,感知技术、定位导航技术和边缘智能技术的运用,实现了自主设备之间的智能协同。自主系统将进入高级自动化和自治时代,人脑、云脑、端脑与生物体、数字体、机械体融合共生,达到人机柔性智能融合。

在自主系统领域,京东开发了智能快递车、分拣机器人、巡检机器人、AI仿生手等众多产品。京东科技自主研发的可穿戴AI仿生手可在0.5秒内快速识别和响应机电信号,且准确率接近100%,能帮助伤残人士重获生活、劳动的能力,还能在高危工作环境中成为人类身体的"外挂"。京东在江苏修建的全球首个无人配送城,实现了城市级无人配送,该项目已经落地。2020年2月初,在新冠病毒感染影响最严重时,京东物流在武汉完成了智能快递车的首次配送。

(5)下一代计算技术。最后审视下一代计算技术的发展趋势。在下一个10年,随着计算场景多元化和下沉、海量数据的产生和处理需求不断提高,人工智能将是重要的驱动力,云边端将是重要的计算框架。下一代

---

① 参见《一文读懂京东区块链最新布局(京东数科出品)》,京东科技,2020年11月2日。

计算将具有多场景、安全、云边端协同一体化的特性，逐渐成为数智化社会的重要基础设施。

在下一代计算领域，京东已经形成五大技术储备优势。一是高端的技术人才队伍，二是完善的技术基础设施，三是丰富的下一代计算产品，四是多层次立体式场景支持仪，五是优质的服务体系。这五大技术储备优势将为用户业务的快速发展助力、赋能。

2. 技术运用于五大场景，全面赋能新业态

京东已经形成以数智化社会供应链为核心的技术体系，并且搭建了多个数智化开放平台，不仅能够优化垂直行业供应链的成本和效率，还能够实现从消费端到产业端价值链各个环节的整体优化和重构，从而提升社会资源配置的效率。

通过数智化社会供应链，京东全面赋能于零售、健康、物流、金融、城市这五大场景中，进一步推动了产业实现数智化转型升级的进度。

在智能零售领域，大数据、人工智能、物联网等多个技术领域都对零售行业的各个环节产生了深刻影响。多方技术共同推进了零售行业的数字化发展。京东不仅是商品零售供应链的一环，同时也以为上下游的主体提供服务为目标。为此，京东提出了"两向三化"的智能供应链升级解决方案。两向指正向全渠道供应链与反向C2M供应链，三化指供应链决策智能化、供应链能力中台化、供应链协同生态化。比如，借助C2M反向定制模式，京东为商家提供全供应链的数据支持。与传统产品开发方式相比，京东C2M将产品需求调研时间减少了75%，新品上市周期缩短了67%。[①]

---

① 参见《数字化赋能，京东按下产业带融入双循环的"快进键"》，人民资讯，2020年9月16日。

在智能健康领域，京东健康致力于打造以医药及健康产品供应链为核心、医疗服务为抓手的，数字驱动用户全生命周期全场景健康管理平台。依托京东集团云计算、大数据、AI及IoT等技术，京东健康将医药供应链、互联网医疗、健康管理、智慧医疗等业务板块进行有机整合，实现了从线下医疗到线上服务的用户全生命周期、全场景覆盖。同时，京东健康还通过技术赋能，实现了供给侧的线上、线下一盘货与消费端全渠道深度融合，完成了医药供给与消费、实物与服务、药企与用户的全链路打通。此外，从推动各级医疗机构拥抱"互联网+医疗健康"，到加速数智化健康城市落地，京东健康正切实以数智化驱动健康产业发展。

在智能金融领域，京东为金融机构提供智能风控、数据中台、智能营销运营等数智化解决方案，提升了金融类客户的风险管理、运营效率等能力。京东在生态层面会将自有的生态布局及所服务的产业与客户接入，覆盖线下零售、大宗、出行、商旅、农牧、校园、港口、媒体、智能城市等产业与场景，帮助金融类客户打通增量市场。

在智能城市领域，京东打造了基于智能城市操作系统的"一核两翼"体系。其中的"一核"，即市域治理现代化平台面向各级城市管理者，解决跨委办局的业务痛点，提升政务数字化平台的治理能力和现代化水平。以南通为例，京东帮助南通市政府打造了全国首个市域治理现代化指挥中心，中心汇聚全市域75个部门数十亿量级数据，提供基于AI智能分析和专家智库的辅助决策建议，涵盖社情民意、政务服务、经济运行、公共安全等多领域。

一直以来，京东都是以供应链为基础的技术与服务企业，因此，它更加执着于用数智化技术连接和优化社会生产、流通和服务的各个环节，以此来赋能和推动实体经济的发展。

参考文献

［1］钟华：《数字化转型的道与术：以平台思维为核心支撑企业战略可持续发展》，机械工业出版社2020年版。

［2］华为企业架构与变革管理部：《华为数字化转型之道》，机械工业出版社2022年版。

［3］喻旭：《企业数字化转型指南：场景分析+IT实施+组织变革》，清华大学出版社2021年版。

［4］陈雪频：《一本书读懂数字化转型》，机械工业出版社2022年版。

［5］［美］托马斯·西贝尔：《认识数字化转型》，毕崇毅译，机械工业出版社2022年版。

［6］［美］道格拉斯·W.哈伯德：《数据化决策（第三版）》，邓洪涛、王正林译，中国科技出版社2022年版。

［7］［美］尼古拉·尼葛洛庞帝：《数字化生存》，范海燕译，电子工业出版社2021年版。

［8］安筱鹏：《重构：数字化转型的逻辑》，电子工业出版社2019年版。

［9］王焕然：《数字化改革：场景应用与综合解决方案》，机械工业出版社2022年版。

［10］白涛、单晓宇、褚楚：《数字化转型模式与创新：从数字化企业到产业互联网平台》，机械工业出版社2023年版。

［11］国务院发展研究中心创新发展研究部：《数字化转型：发展与政策》，中国发展出版社2022年版。

后记

作为一个比较新鲜的理念，数智化正在蕴含越来越多的内容，诸如"商业本质与企业边界""万物数据智能互联""人工智能价值提炼"等。数智化的核心，是在海量数据的基础上，结合人工智能的相关技术，打通端与端的"孤岛"，并且能够结合场景化解决问题。

文中提到的数智化，不只是能在软件端完成的简单的数据提炼，而且是由数智化引起的整个产业的升级。面对数智化，我们的生产生活模式都将面临新的挑战。所以，企业管理者甚至我们每一个人，都要适应数智化的思维转变，以便适应社会关系的重构。

未来几年，伴随数智化基础设施的加快建成，一批动作快的企业已经获得数智化转型的窗口期，获得弯道超车的机会，从而获得超越传统企业的代际竞争力。

随着数智化革新的到来，每一个企业都应该未雨绸缪，做好数智化提前布局的工作。当数智化思维插上科技赋能翅膀之时，将迎来更加美好的新时代。